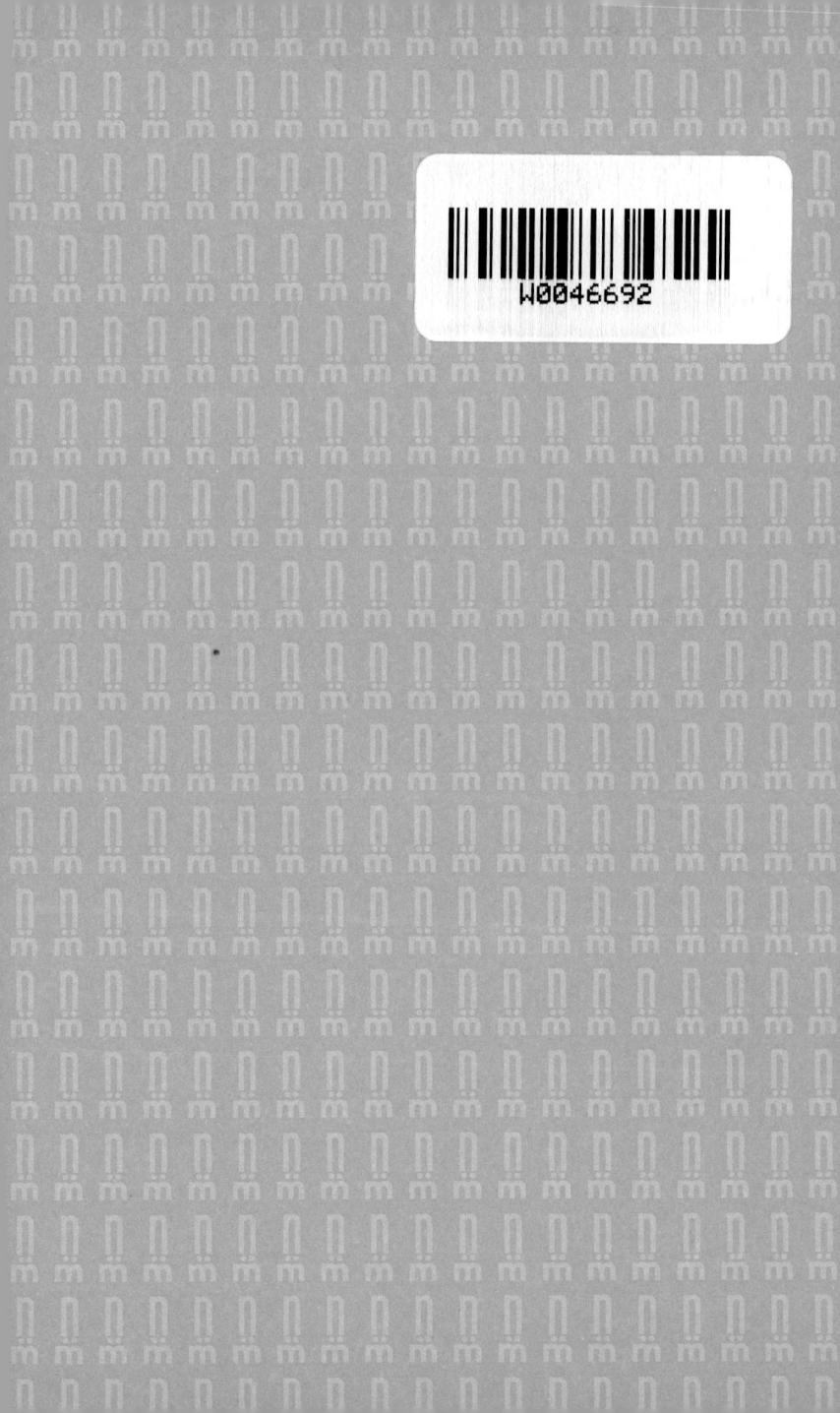

Offenheit

Jaqueline Scheiber

übermorgen

Offenheit

Jaqueline Scheiber

Inhalt

Ich setzte meinen Fuß in die Luft;
und sie trug.

Hilde Domin

Der Vorhof

Ich bin eine Leuchtreklame.

Ich halte es für unerlässlich, dass es Menschen gibt, die sich in die Mitte eines Raums stellen und darauf bestehen, gesehen zu werden. Nicht nur, um eine von vielen Graustufen innerhalb aller klassischen Schwarz-Weiß-Malerei zu markieren, sondern auch, um selbstbestimmt die eigene Position zu gestalten.

Anhand meiner ganz persönlichen Reise zeige ich auf, wie ein offener Umgang mit Themen, die unser aller Leben bewegen, funktionieren kann und welche Auswirkungen er womöglich auf Umfeld und Leser*innen hat.

Nicht jede*r muss sein oder ihr Privatleben von den Dächern schreien. Es genügt, wenn es einige Menschen wie Leuchtreklame am Straßenrand gibt. Menschen, die *durch ihre Ehrlichkeit auf sich aufmerksam machen und keine Angst davor haben, für ihre Aussagen verurteilt zu werden. Menschen, die sich Themen widmen, die fernab der üblichen Normalbiografie liegen, die das Hässliche und das Schöne im Leben entdecken, benennen und aufzeigen, einer breiten Öffentlichkeit zugänglich machen. Darüber hinaus braucht es auch Menschen, die dieses Leuchten wahrnehmen und sich damit identifizieren können, um ein Stück Licht ins Dunkel der Tabuthemen zu bringen. Denn Licht reflektiert und erweitert sich, je mehr Fläche es zur Verfügung hat. So kann ein Wandel stattfinden.*

Und eine dieser Leuchtreklamen, das bin ich.

Wenn ich mich jemandem vorstelle, dann erfolgt das immer in drei Abschnitten: Ich bin Sozialarbeiterin. Ich schreibe, seit mir Sprache zur Verfügung steht. Und mittlerweile ist mir eine gewisse Öffentlichkeit zuteilgeworden.

Ich bin heute besser bekannt unter dem Pseudonym Minusgold, das ich vor mehr als zehn Jahren für mich und mein Tun erschaffen habe. Minusgold ist jedoch mehr als bloß die Zusammensetzung zweier Worte. Es beschreibt die Reise, die ich durch dieses Leben bis hierher gemacht habe, und vor allem, wie ich sie auf verschiedenen Plattformen zum Ausdruck brachte. Sie hat mich an den Punkt geführt, an dem ich heute stehe und von dem aus ich erzählen kann, warum mein offener Umgang mit Tabuthemen nicht bloß mir, sondern vielen anderen Menschen geholfen hat.

Es gibt viele Vorurteile und Annahmen, weshalb Menschen sich auf Social-Media-Plattformen exponieren, wie ich es tue. Ich habe mein Leben mit einer digitalen Persona namens Minusgold verwoben und nutze diese, um mich für Themen wie psychische Gesundheit, Körperbilder, Feminismus und das Tabuthema Trauer einzusetzen. Damit einher geht eine gewisse Form der Selbstdarstellung, die ich in den vergangenen Jahren entwickelt habe.

(Selbst-)Darstellung ist traditionell vor allem für bestimmte Bereiche der Kunst, des Schauspiels und der Unterhaltung reserviert. Man findet sie in der Politik, unter Prominenten oder in der Kunstszene. Nun kommt sie zunehmend aus dem Privaten, aus den eigenen vier Wänden direkt über die Bildschirme gespült in eine Welt, die noch nicht vollends versteht, wie sie mit dieser Art von roher Wahrheit umgehen soll. Ich habe diesen Weg anfänglich unbewusst gewählt, es steckte keinerlei Strategie oder illusorischer Antrieb dahinter, die Welt zu verbessern. Erst zu einem späteren Zeitpunkt begreife ich meine Sprache als Werkzeug. Es ist meine persönliche Geschichte, deren viele Facetten unter einem Begriff zusammenlaufen: Ich lege mich offen. Und damit bin ich ein Beispiel für eine Generation, deren Ausdrucksformen sich im digitalen Zeitalter ständig erweitern.

Ich erzähle meine Geschichte nicht zum ersten Mal, ich habe sie in unterschiedlichen Ausführungen beschrieben und verbreitet. Vor mehr als zehn Jahren habe ich begonnen, das Schreiben im digitalen, öffentlichen Raum zu meiner Begleitung zu machen. In kurzen Erzählungen, Gedichten und Bildern habe ich mich meinem Umfeld mitgeteilt. Habe mich mir selbst und anderen begreiflich gemacht.

Ich bin eine junge Frau, die es sich zur Aufgabe gemacht hat, auf virtuellen und realen, kleinen und großen Bühnen eine Rolle zu spielen. Keine Rolle im herkömmlichen Sinne, ich meine damit nicht, dass ich die Kunst des Schauspiels beherrsche. Ich möchte Raum einnehmen, ich möchte mit meiner Präsenz Aufklärung und Offenheit schaffen. Ich habe mich dafür entschieden, vor allem meine persönliche Betroffenheit als Grundlage zu nutzen. Besagte Grundlage ist das Schreiben.

Zum ersten Mal gehe ich hier eine Stufe tiefer. Die folgenden Erzählungen schaffen einen Zusammenhang, den ich bisher in meinem Schreiben nur fragmentarisch skizziert habe. Als Skizzen von einem Haus, das mich repräsentiert und sich erst heute auf festem Untergrund befindet. Ich betrete den Ort, auf den mein Fundament gebaut ist. Später wird ersichtlich sein, welche meiner Wände Brände überstanden und wo sich Risse gebildet haben. Es wird sich zeigen, woraus ich meinen Antrieb schöpfe und welche Beschaffenheit mein Innerstes hat. Ich werde offenbaren, wie es in meinen Gemäuern aussieht und warum ich die Türe zu meinen Räumen nicht mehr geschlossen halten möchte.

Den Bauplan entfalten

In den vergangenen Jahren wurde ich immer wieder damit konfrontiert, dass mein literarisches Können sich auf das Erzählen meines eigenen Weges beschränkt. Die Wahrheit ist: Ich habe nie gelernt, eine andere Geschichte zu erzählen als die meinige. Das habe ich lange Zeit für eine Schwäche gehalten, für etwas, das egozentrisch und unflexibel ist. Heute weiß ich, dass meine Stärke darin liegt, meine Stimme für die Dinge zu erheben, die ich kenne. Damit ein eingegrenztes Feld an Themen zu bedienen, die ich am eigenen Leib erfahren durfte und musste. Erst im Prozess ergibt sich eine Schnittmenge zu anderen Menschen, die ähnliche Erfahrungen gemacht haben und daraus etwas beziehen, das sich Kraft und Hoffnung nennt. Ich sauge mir nichts aus den Fingern, ich er- und durchlebe jedes Wort. Es hat sich gezeigt, dass es für mich und andere eine Rolle spielt, laut zu sein, Raum einzufordern und mich nicht irritieren zu lassen von dem Gegenwind, der mir manchmal entgegenblies. Denn die eigenen Karten auf den Tisch zu legen bewirkt nicht nur Zuspruch. Ich habe mich oft in Frage gestellt, und das tue ich immer noch. Fragen sind mir ein wichtiges Werkzeug, um stets sicherzustellen, dass ich noch bei mir bin.

Ich habe immer zu viel gesagt. Was andere als Ehrlichkeit rühmen, war die Nausea meiner Gefühle, das Herausbrechen jeder Empfindung in Buchstabenform. Ich trage mein Herz nicht auf der Zunge, ich schiebe es vor mir her wie einen überfüllten Einkaufswagen. Wie andere ihre Wahrheiten luftdicht verpackt über Jahrzehnte auf ihren Dachböden lagern, ist mir ein Rätsel. Jedes Mal, wenn mein Gegenüber in der Flut meiner Farben verstummt, zögere ich für einen Moment, doch ich weiß, ich werde es wieder tun. Ich schweige nicht, ich mache mich nicht mehr kleiner, als ich bin. Ich bin ein Meer ohne Reue, bin ein Geständnis ohne Furcht. Selbst wenn mein Gesagtes Inseln und Wege verschluckt – ich weiß, ich war nie gut darin, ein Geheimnis zu bleiben. Heute möchte ich im Gegensatz zu einem unkoordinierten Teilen festgeschrieben sein, eindeutig und klar. Mein Gold schöpfe ich nicht aus der Stille, sondern aus dem Sturm und Donner meiner Worte, die sprudeln, wann immer sie müssen.

Ich möchte mit der Annahme aufräumen, die offensive Selbstdarstellung sei eine narzisstische Störung, die Versinnbildlichung eines egozentrischen Weltbilds oder rühre von einem übersteigerten Selbstbild her. Ganz im Gegenteil erwuchs sie bei mir aus einer Reihe an Unsicherheiten. Ich möchte das Vorurteil beseitigen, dass Menschen, die ihr Privatleben nach außen tragen, nicht mehr privat seien. In den vergangenen Jahren habe ich eine harte Schule durchlaufen, um die Grenzen zwischen dem Schreiben und dem Gelebten zu versetzen, anzupassen und letztlich für mich und mein Leben zu adaptieren.

Ich werde die Einschnitte und Wegmarken meines Lebens nutzen, um zu veranschaulichen, wie Offenheit entstehen kann und welche Wellen sie schlägt. Um zu zeigen, dass das gesamte Leben dem Bild der Wellen sehr nahekommt. Nicht umsonst fühlen wir Menschen uns dem Wasser derart verbunden, es liegt in unserer Natur. Wir bestehen zu einem Großteil aus Wasser, fühlen mit Seen und Flüssen oder dem Meer eine tiefe Verbundenheit. Die Bewegung der Wellen hat etwas Beruhigendes. Was ich beschreibe, mag an manchen Stellen ungemütlich sein, aber gerade dadurch entsteht ein neuer Habitus inmitten einer Gesellschaft, in der es vielen immer noch schwerfällt, offen zu sprechen. Ich bin ein ungeduldiger Mensch. Das macht meine Entscheidungen nicht unüberlegt, es verringert bloß die Distanz zur Umsetzung.

Ich habe in meinem jungen Leben viel Schönes und gleichermaßen Hässliches erfahren. Ich übersetze diese Erlebnisse in eine Sprache, von der ich mich nicht mehr befreien möchte. Was sich dank ihr abzeichnet, ist eine Route durch die Beschaffenheit meiner Innenräume:

mein Weg zur Offenheit. Was ich anhand biografischer Einschnitte und Erlebnisse beschreibe, sind Eckpunkte und Möglichkeiten, die sich uns allen darbieten können. Nicht Jede*r wird sich damit identifizieren können oder gar davon profitieren, ich habe das Rad nicht neu erfunden. Die folgenden Seiten sind lediglich ein Beispiel dafür, wie es auch funktionieren kann: sich einzufinden in eine oftmals nicht vollends nachvollziehbare Ordnung, genannt Leben. Ich lade dazu ein, mich kennenzulernen. Dort, wo die Hautoberfläche ganz dünn zusammenläuft und nicht reißt. Genau dort, wo ein kühler Windstoß oder eine Berührung die Härchen aufstellt und über unsere Nervenbahnen ins limbische System gerät. Dort, wo wir etwas empfinden.

Und genau hier beginnt die Reise, die Seite für Seite auch die Möglichkeit bietet, sich selbst aufzublättern, sich zu begegnen und mit einem Luftzug die Tür zu einer anderen Welt, einer anderen Erfahrung einen Spaltbreit zu öffnen.

Den Grundriss verstehen

Es beginnt in einer kleinen 50-Quadratmeter-Wohnung im Burgenland. Ich lebe dort mit meiner Mutter, wir sind erst vor Kurzem wieder umgezogen, das kommt in meinem Leben damals oft vor. Computer und Internet halten Einzug in die Haushalte, und auch ich logge mich das erste Mal, begleitet von krächzenden und piepsenden Geräuschen, in das vor mir liegende Netzmeer ein. Mit Freund*innen verabrede ich mich in Chatrooms. Anonym öffnet sich ein Tor zu einer Welt, die einen Dialog mit Fremden ermöglicht. Das birgt für ein junges Mädchen viele Gefahren, doch auch eine wesentliche Chance: Mitteilung.

Ich verspüre früh das Bedürfnis, mich auf verschiedenen Online-Plattformen darzustellen, eine Parallelidentität zu schaffen, die es mir ermöglicht, andere Aspekte meiner Persönlichkeit auszuleben. Aspekte, die im engen Rahmen eines burgenländischen Dorfs keinen Platz finden. Ich entdecke das Internet in seiner Vielfalt, Social Media in ihren Anfangsstadien. Kaum ein Portal bleibt von mir unberührt, unentdeckt, unbewandert. Ich komme mit den unterschiedlichsten Lebensrealitäten in Berührung, knüpfe Freundschaften und finde immer Ansprache, wenn ich sie brauche.

2010 erfahre ich, was das Konzept eines Blogs ist. Eine eigene Seite, die Bilder, Texte, Videos oder was auch immer man zeigen möchte, zusammenträgt. Minusgold entsteht, in einer Nacht kurz nach Silvester. Ich erinnere mich exakt an die ersten unbeholfenen Gedichte, die ich voller Scham und Furcht auf meine Seite lade. Das Schreiben unter dem Pseudonym wird *mein täglich Brot*, es ist beinahe eine Sucht, Worte zu finden und diese in Lyrik und Prosa zu betten. Über zweitausend Texte ruhen heute digital in einem öffentlichen Archiv. Sie sind der Grundstein für die spätere Selbstverständlichkeit, mit der ich mich meiner Sprache bediene. Ich erhalte erste Rückmeldungen von völlig fremden Menschen außerhalb meines persönlichen Umfelds auf mein Schreiben, werde zu Lesungen eingeladen und veröffentliche 2012 sogar ein Buch im Selbstverlag mit gesammelten Werken. Und ich spüre: Es ist wieder meine Art, mich der Welt offenzulegen, die mich an neue Orte bringt, bereichernden Austausch ermöglicht und wachsen lässt.

Ich bin eine Sammlerin. Keine, die ihre Sammlung in ihrem Kämmerchen verwahrt und katalogisiert, nein. Ich stelle sie aus. Ich schreie sie von der Mitte des Marktplatzes. Dabei ist es weniger wichtig, in welcher Form ich mir Gehör verschaffe, als dass ich gehört und gesehen werde. Ich möchte mich nach außen kehren, um damit eine Stelle zu markieren. Eine Stelle, an der sich eine Gemeinschaft festhalten und einordnen kann, die ähnliche Ansichten vertritt. Mein Marktplatz ist das Internet. Meine Sammelleidenschaft bezieht sich auf alltägliche Momente, die ich mit Bildern und Worten versehe. Die heutige Zeit gibt mir die Möglichkeit dazu, mich zu äußern, *to put myself out there,* wie man im Englischen sagt.

Durch meine Sammlung zu wandern bedeutet für die Besucher*innen, einen Bildschirm herunterzuscrollen. Es bedeutet, mit dem Zeigefinger auf Pixel zu tippen und einzutauchen in eine Welt, die ich gestaltet habe. Eine Teilrealität, die sich wie ein Lichtspiel über meinen Alltag legt und durch Filter gebrochen wiedergibt, was ich sehe. Manche Menschen finden das befremdlich. Finden es wundersam, dass jemand Privates der Öffentlichkeit zur Verfügung stellt. Gerade bei den unbequemen Themen, wie meiner Trauer, meinem Körperbild oder dem Umgang mit meiner psychischen Erkrankung erfahre ich hin und wieder Gegenwind. „Muss das sein?" ist eine der Phrasen, die ich immer wieder zu hören bekomme. Ich gehe selten darauf ein, denn was muss schon sein? Was viel wichtiger ist: Es kann sein. Es kann sein, weil es mir hilft, meinen Platz in dieser Welt zu verorten. Weil es mir Orientierung gibt und die Sicherheit, meine Gedanken an verschiedenen – öffentlichen – Plätzen wiederzufinden.

Auf meiner Suche nach einer Rechtfertigung für meine Existenz, für meine Bedürfnisse und meine Bewältigungsstrategien bin ich auf einen Leitsatz gestoßen. „Tu, was immer ein Stück Linderung verschafft, solange es nicht anderen schadet." Was wie ein Kalenderspruch klingt, ist tatsächlich eine hilfreiche Anleitung, um mehr auf sich selbst und die eigene Intuition zu hören.

Wir werden mit einer Unmenge an Wertvorstellungen ausgestattet, die so unterschiedlich sind, dass es immer Menschen geben wird, deren Verhalten wir für unzulässig erachten. Auch ich bin nicht frei davon, andere zu bewerten, sie zu beurteilen. Menschen brauchen das, um sich zu orientieren. Die wesentliche Frage, die sich dabei stellt, ist: Wie gehe ich mit meinem Urteil um? Menschen an den Pranger zu stellen halte ich für falsch. Kritik ist berechtigt, sie ist ein wichtiges Tool, um Weiterentwicklung zu ermöglichen. Ich habe unzählige Kritiken für mein Tun erhalten; einiges konnte ich annehmen und ändern. Dabei ist es wesentlich, wie Kritik ausgesprochen wird. Gerade in der digitalen Welt ist der Umgangston sehr harsch und teilweise bedrohlich. Vor allem Frauen sind häufig mit Hass im Netz konfrontiert und werden für ihre Aussagen und Positionen massiv beleidigt und bedroht.

Ich habe das Glück, dass ich in meiner näheren Umgebung großteils Zuspruch für meine Tätigkeit erlebe. Die meisten meiner Freund*innen haben mich als eine Person kennengelernt, die keinen Filter zwischen sich und die Welt legt – wobei das nicht völlig zutreffend ist. Denn natürlich entscheide ich, welche Einblicke ich gewähre. Das hat sich mit dem Zuwachs an Publikum stark verändert. Ich gehe im Gegensatz zu früher viel reflektierter damit um, welche Inhalte ich aufbereite und welche wirklich im Privaten verankert bleiben sollen. Jedoch ist mir bewusst, dass meine Hemmschwelle eine andere ist als die der meisten Menschen.

In der realen Begegnung bin ich ein zurückhaltender Mensch. Sobald ich mich in einer Umgebung wohlfühle, könnte man mich als extrovertiert betrachten. Auch in der Face-to-Face-Welt passiert es mir häufig, dass sich Menschen mir gegenüber öffnen. Das liegt zum einen an meiner Ausbildung als Sozialarbeiterin, in der ich gelernt habe, intime Gespräche über belastende Lebensumstände zu führen, zum anderen jedoch auch an der Tatsache, dass ich großen Wert darauf lege, Akzeptanz und Offenheit in meinem täglichen Leben zu zeigen.

Die Vision eines neuen Gebäudes

Es stellt sich die Frage: Wohin führt diese Welle der Offenheit in der Gesellschaft? In meiner Utopie fühlen sich Frauen nicht mehr unter Druck gesetzt, den perfekten Körper zu haben, sie müssen nicht unzählige Produkte kaufen, um einem Ideal zu entsprechen, das nur in der Theorie existiert. Männer können ihr toxisches Rollenbild loslassen, in dem sie Beschützer oder Erhalter zu sein haben. In meiner Vorstellung wird jeder und jedem der Platz zuteil, den er oder sie benötigt. Menschen müssen ihre psychische Erkrankung nicht verheimlichen, denn sie gehört zu den Dingen, die das Leben manchmal mit sich bringt, und selbst wenn sie unsichtbar ist, ist sie nichts Unheimliches. Sie ist keine Form von Schwäche oder ein Zeichen des Aufgebens, sie ist eine von vielen möglichen Variablen einer Biografie. Wie jede andere Erkrankung auch. In meiner Utopie fällt es nicht schwer zu scheitern, zwei, drei oder vier

Anläufe für etwas zu benötigen, ohne Scham, denn in meiner Utopie steht es uns frei, Dinge zu versuchen, bis sie klappen. Erfolg wird nicht daran gemessen, wie viel Geld am Konto liegt oder wie beliebt jemand ist, sondern daran, ob man sich dort wohlfühlt, wo man gerade steht. Es spielt keine Rolle, wie und ob man jemanden liebt, mit wem man zusammen ist und welchen Nachnamen man trägt. Herkunft ist eine Geschichte, die man nicht fürchtet, jenen anzuvertrauen, die einem nah sind, denen man sich begreiflich machen will.

Doch leider ist meine Utopie bisher bloß eine Utopie. Sie ist ein Märchen innerhalb der Zwänge eines Systems, das es noch nicht zulässt, wahre Gleichberechtigung walten zu lassen. Zu schwer wiegen finanzieller Druck, eingefahrene Muster, konservative Einstellungen. Zu sehr verharren wir alle in unseren Hamsterrädern und darin, andere zu verurteilen, auszubeuten und einen eigenen Vorteil aus dem Nachteil anderer zu schlagen.

Wie kann man gesellschaftlichen Wandel nun vorantreiben? Ich glaube, man kann als Beispiel vorangehen, man kann sich durch radikale Offenheit von vorherrschenden gesellschaftlichen Normen, Schönheitsidealen oder der Art und Weise, wie mit einem Schicksalsschlag umzugehen ist, lösen und aus der Reihe tanzen.

Ich würde die Form beinahe als aktivistisch beschreiben, in der mein Umfeld und ich uns gegen Annahmen stemmen, die uns von klein auf mitgegeben wurden. Die Menschen, die ich heute als Freund*innen bezeichne, sind meiner Ansicht nach allesamt in ihrer Einstellung und Weltanschauung revolutionär. Sie überwinden täglich alte Muster und gesellschaftliche Grenzen, indem sie sich sichtbar machen. Sie pflegen einen ähnlichen Habitus, sind Kunstschaffende oder Journalist*innen, aktivistisch oder in ihrem Radius für mehr Akzeptanz und Toleranz tätig. Das gibt mir Hoffnung, denn selbst wenn an jeder Ecke Baustellen lauern, Benachteiligungen ausgespielt werden und Leistung gemessen wird, wächst auch eine Generation heran, die nicht ziellos mit ihrer Offenheit waltet. Dabei fällt oft das Stichwort „Medienkompetenz" – es benennt die Fähigkeit, verantwortungsvoll mit dem eigenen Output in die Welt umzugehen und dabei nicht außer Acht zu lassen, dass jegliche Veröffentlichung Konsequenzen und Verantwortung mit sich bringt. Nach und nach entwickeln sich Sensibilität für schlechter Gestellte, ein Bewusstsein für Veränderungsprozesse und Initiativen, um theoretisches Wissen in die Praxis umzusetzen. Das Leben, das wir führen, ist längst nicht mehr ausschließlich privat. Es ist politisch, aktiv und Teil einer Bewegung.

Wie Offenheit heute gedacht wird oder gedacht werden kann, wird einen enormen Einfluss darauf haben, wie wir zukünftig miteinander umgehen. Sie wird der

Nährboden für Empathie und Bereicherung sein. Und vielleicht trägt sie dazu bei, dass Teile meiner Utopie wahr werden können. Wichtig ist dabei: Die passive Rolle der Offenheit nimmt einen viel größeren Raum ein als die aktive. Denn zu all den Menschen, die eine Bühne bedienen, braucht es Menschen, in denen Themen nachklingen und die diese weitertragen. Es ist immer die Gemeinschaft, das Publikum, es sind die Zwischentöne und Kommentare, die ein Bild färben und letztlich prägen.

Das beginnt mit Verständnis, einem offenen Ohr und ungeteilter Aufmerksamkeit.

Die Grundmauern

Nach dem Nachmittagsunterricht komme ich mit mei-
nen Schulsachen ins Dorfgasthaus am Eck. Manchmal
plausche ich mit den Gästen, manchmal erledige ich
die restlichen Hausaufgaben. Und manchmal, wenn es
spät wird, schlafe ich auf der Holzbank in der Nähe des
Tresens ein. Dahinter steht meine Mutter. Sie ist jung und
hat vielleicht eine unrealistische Vorstellung von der
Zukunft, doch sie ist bereit, hart zu arbeiten. Hart zu ar-
beiten, um es einmal besser zu haben. Zu Schulzeiten bin
ich nicht besonders gut in Mathematik, aber wie ich mit
20 Euro den Wocheneinkauf im Supermarkt kalkuliere,
lerne ich früh. Kleidung bestellen wir aus Katalogen, das
kann man in Raten bezahlen. In meiner Kindheit wird
nicht gespart, es wird mit dem umgegangen, was da

ist. Alle paar Wochen gehen wir in ein Restaurant in der nächstgelegenen Stadt Palatschinken essen, das sind die besten Abende von allen. Wir wohnen in engen Räumen, in baufälligen Dorfhäusern oder verbringen auch schon mal eine Nacht im Auto. Meine Mutter fährt auf der Baustelle mit der Schubkarre, sie hebt Gewichte, sie nimmt mich mit auf den Fahrten im Lastwagen. Ich lerne, dass manche Wirte nicht rechtzeitig Löhne ausbezahlen und was das für Auswirkungen auf unser Leben hat. Ich lerne auch, dass es mir an nichts fehlt, außer vielleicht einer Gutenachtgeschichte und jemandem, der mir beibringt, wie der Reis nicht anbrennt.

Was in jungen Jahren als Impuls begann, ist heute meine ganz persönliche Art und Weise, auf mich aufmerksam zu machen. Ich komme aus einer Familie, in der Kunst und Kultur keinen großen Stellenwert einnehmen. Ich werde in eine Arbeiter*innenfamilie geboren. Ich bin die Tochter einer jungen Frau, die aus Ungarn nach Österreich immigriert, eines Vaters, der unter prekären Arbeitsbedingungen sein Geld verdient. Das Schreiben ist nichts, das mir beigebracht wird, nichts, das gefördert werden kann. Ich entdecke in meiner Volksschulzeit meine Freude daran, Geschichten zu erzählen. Ich bin etwa zwölf Jahre alt, als ich begreife, dass das Schreiben und der Ausdruck durch Sprache für mich eine Möglichkeit darstellt, mich der Welt außerhalb meiner sozioökonomischen Bedingungen mitzuteilen. Zu Beginn ist das meine kleine, heimliche Fantasiewelt. Doch schon bald entdecke ich das Internet und die damit verbundene Alternative, anonym meine Texte und Entwürfe in die Welt setzen zu können.

Ich bin davon überzeugt, dass die Art und Weise, wie wir aufwachsen, welche Beziehungen uns in die Wiege gelegt werden und wie sich diese auf uns projizieren, eine große Auswirkung auf unser späteres Handeln haben. Deswegen ist es unerlässlich darzulegen, woher ich komme und was mich bewegt hat, wodurch sich mein Verständnis von Beziehung und Familie, vielleicht sogar des Lebens im Allgemeinen, erschlossen hat.

Ich stamme aus einer Familie, in denen Frauen von jeher die starke Rolle übernehmen mussten. Ich wurde von einer Frau großgezogen, die schon sehr jung gelernt hat, was es bedeutet, für sich einzustehen.

Meine Mutter ist neunzehn Jahre alt, als sie ohne Sprachkenntnisse ihr Heimatland verlässt und nach Österreich auswandert, um es einmal besser zu haben. Sie verrichtet schwere körperliche Arbeit für wenig Lohn, wird mit 21 Jahren schwanger und zieht praktisch allein eine Tochter groß. Mit vielen Kompromissen. Sie erfährt am eigenen Leib, was es bedeutet, ausgebeutet und unfair behandelt zu werden. Nicht ernst genommen und benachteiligt zu sein, allein aufgrund des Umstands, eine junge Migrantin zu sein.

Große Teile meiner Kindheit verbringe ich bei meiner Urgroßmutter in einem kleinen ungarischen Grenzdorf. Sie lehrt mich, was Familie bedeutet, kümmert sich um mich, wenn ich krank bin und erklärt mir die Welt. Meine Großmutter mütterlicherseits arbeitet an ihren freien Tagen als Reinigungskraft in österreichischen Familien, um sich ihr Einkommen aufzubessern. Meine Tante wird Opfer von häuslicher Gewalt in der Ehe, bis sie sich schließlich trennt und beschließt, ebenfalls nach Österreich auszuwandern.

Meine Großmutter väterlicherseits wird im Zweiten Weltkrieg geboren, sie ist fast vollkommen blind, und zum Zeitpunkt meiner Geburt plagen sie bereits etliche Erkrankungen. Sie ist in ihrem täglichen Leben stark eingeschränkt, doch als Kind merke ich davon wenig. Ich erlebe sie als widerstandsfähige und lebenslustige Frau. Sie bringt mir bei, keine Angst vor den großen und kleinen Dingen im Leben zu haben. Im Wiener Gemeindebau ist sie eine Institution, man könnte sie als resolut bezeichnen. Sie verstirbt früh, und erst später begreife ich durch Erzählungen, wie hart ihr Leben tatsächlich war, und wie bescheiden und frohsinnig sie es dennoch gestalten konnte.

Was all diese Frauen gemeinsam haben: Sie haben auch unter widrigen Bedingungen nicht aufgegeben, für den Zusammenhalt der Familie gesorgt und sind ihrer Philosophie gefolgt, stets einen Schritt vor den anderen zu setzen. Das Aufgeben ist ein Begriff, der in meiner Familie keine Verwendung findet. Das wird sich später stark auf die Art und Weise auswirken, wie mit psychischen Erkrankungen umgegangen wird.

Die mütterliche Seite meiner Familie, meine ungarische Herkunft, ist stark geprägt von den Frauen, die sie tragen. Ich wachse größtenteils in der Abwesenheit männlicher Bezugspersonen auf, und eben diese Tatsache wird mich stark beeinflussen. Denn meine Perspektive auf eine Familie ist keine klassische, sie besteht nicht aus Mutter, Vater, Kind. Der Blickwinkel, den ich durch sie bekomme, ist zu einem großen Anteil ein weiblicher.

Meine Eltern trennen sich zu einer Zeit, an die ich keine Erinnerungen habe. Die Beziehung zu meinem Vater ist durchwachsen. Aus heutiger Sicht kann ich behaupten, dass das daran liegt, dass wir uns so ähnlich sind. Ich betrachte es nie als Nachteil, einen Wochenendvater zu haben, schließlich kenne ich es nicht anders. Erst im Erwachsenenalter wird mir bewusst, welche Auswirkungen seine Abwesenheit in meinen prägendsten Jahren auf mich gehabt hat. Mein Vater ist stets bemüht, kann jedoch seine Gefühle nicht artikulieren, nicht so zum Ausdruck bringen, dass ich es als Kind oder Jugendliche verstehe. Seit ich erwachsen bin, begegnen wir uns auf

Augenhöhe. Wir haben uns die Verletzungen der Jahre davor verziehen und eine enge Bindung zueinander aufgebaut. Mein Vater ist ein tief emotionaler Mensch, der viele Überlegungen über die Welt in sich trägt. Obwohl wir unsere Beziehung unter schwierigen Umständen starteten, hat er mir nie das Gefühl gegeben, als Frau weniger erreichen zu können als ein Mann. Im Gegenteil, er hat hohe Ansprüche an mich gestellt in der Hoffnung, dass mir alles möglich sein wird.

Unerwartete Räume entdecken

Aus heutiger Sicht kann ich nicht mehr genau festmachen, wann ich das erste Mal mit dem Begriff Feminismus in Berührung gekommen bin. Es ist lange Zeit ein Begriff, der sich für mich nicht konkretisiert. Ich weiß nicht, was er bedeutet oder welche Abstufungen innerhalb der Definition möglich sind. Was ich weiß, ist, dass sich mein Selbstverständnis und später auch mein Selbstbewusstsein aus starken Frauenvorbildern schöpft. Mir wird erst in der digitalen Welt bewusst, dass Feminismus eine Strömung, eine politische Einstellung und vor allem ein Wert ist, den es zu verfolgen gilt.

Meine Eltern würden sich nicht als Feminist*innen bezeichnen. Diese Haltung passt weder in ihre Lebensrealität noch in ihren Wortschatz. Als Jugendliche hat mich das gestört, ich bin teilweise in ausladenden Kämpfen dagegen angegangen. Heute verstehe ich, dass ihre Auffassung in vielen Punkten revolutionär war, ohne dass sie ein Label dafür benötigt hätten. Schließlich haben sie mich großgezogen und zu einem kritisch denkenden Menschen heranwachsen lassen. Sie haben mir die Freiheit gegeben, zu werden, was tief in mir verankert lag, und haben stets dafür gekämpft, mir die Umstände zu erleichtern, in eine andere Welt einzutauchen als ihre eigene.

Obwohl ich aus einer Arbeiter*innenfamilie komme, habe ich einen Studienabschluss gemacht. Bewege mich heute in Kreisen, die mir Kunst und Kultur vermitteln. Eben diese Kreise sind es, die mich zur kritischen Auseinandersetzung mit gesellschaftspolitischen Themen bringen. Mein Studium der Sozialen Arbeit ermöglicht mir die Erkenntnis, dass Frauen benachteiligt werden, marginalisierte Gruppen und Menschen mit Migrationshintergrund eine untergeordnete Rolle in der Gesellschaft spielen. Ich verspüre zum ersten Mal Wut und Unbehagen über die ungleiche Verteilung von Privilegien, die mir unter anderem selbst zuteilwurde. Ich verstehe, wieso meine Mutter wollte, dass ich einen österreichisch klingenden Nachnamen trage und trotz meiner Mehrsprachigkeit akzentfreies Deutsch spreche.

Meine Herkunft hat mich geprägt, hat mir zu denken gegeben und bewusst gemacht, dass viele Dinge, die ich für selbstverständlich hielt, für viele in weiter Ferne liegen. Dinge wie: eine selbstbewusste Frau zu sein, die für ihre Ziele einsteht, oder dass Chancengleichheit herrschen sollte, wo sie es noch lange nicht tut. Erst in den letzten Jahren wurde mir allmählich bewusst, dass selbst mein Verständnis von Feminismus fragwürdig ist. Denn es beinhaltete vor allem einen exklusiven Blick auf Frauenrechte. Mein Feminismus war *weiß* geprägt und eurozentrisch. Mit der Zeit und im Laufe der Auseinandersetzung mit dem Thema wurde mir bewusst, dass die Hautfarbe und das Geschlecht, mit denen ein Mensch geboren wird, sehr wohl eine große Auswirkung auf die Biografie haben. Selbst wenn ich mir wünschte, dass jeder Mensch gleich wäre und auch so behandelt würde – es entspricht nicht den Tatsachen.

Es ist unbequem, das eigene Privileg in Frage zu stellen, wenn man ohnehin das Gefühl hat, benachteiligt aufgewachsen zu sein. Dabei gibt es eine Schlüsselerkenntnis: Ich mache mich nicht kleiner, wenn ich anderen Raum zugestehe, den die Gesellschaft für sie nicht vorgesehen hat. Ich habe anfangs davon berichtet, wie schwer es mir gefallen ist, aus einer anderen Perspektive zu erzählen als meiner eigenen. Mittlerweile sehe ich keine Notwendigkeit mehr dafür, mir eine andere Ausdrucksform anzueignen. Ich spreche für mich und schweige, wenn es Menschen gibt, die zu einem Thema aus eigener Erfahrung oder ihrer Expertise berichten können. Frauen über ihre eigene Realität berichten zu lassen ist beispielsweise der erste Schritt, Begriffe wie Feminismus inklusiver zu gestalten.

Feminismus ist nicht gleich Feminismus. Heute weiß ich das. Es gibt innerhalb des Begriffs viele Strömungen, die unterschiedliche Auslegungen verwenden und einander teilweise sogar widersprechen. Wenn ich heute von Feminismus spreche, dann meine ich *intersektionalen Feminismus*. Ich meine einen Feminismus, der jede Hautfarbe, jede Körperform und jede Schichtherkunft miteinschließt. Er stützt sich nicht allein auf die *weißen* Frauenthemen wie das Wahlrecht oder ein Recht auf Abtreibung, sondern bedenkt auch Problemlagen von Migrant*innen, Queer- und Transmenschen, die in der Mehrheitsgesellschaft wenig Aufmerksamkeit finden. Das erstreckt sich über Arbeitsbedingungen bis hin zur Kopftuchdebatte. Nach einer kurzen Recherche findet man kluge Abhandlungen und Essays zu diesen Themen. An dieser Stelle ist vieles zu kurz gegriffen, so viel sei jedoch gesagt: Es gibt eine Vielzahl an Frauen, die ihr Wissen in diesen Bereichen weitervermitteln und es liegt an uns, uns dieses Wissen anzueignen und unseren Horizont zu erweitern.

Und in einer von vielen Nischen, auf einem Nebenschauplatz des intersektionalen Feminismus, verorte ich meine Stimme. Es ist der Begriff der *Body Neutrality*.

Am Treppenaufgang

Ich betrachte mich selbst im Spiegel, sehe an mir herab und nehme Notiz von den Jahren, die in meine Oberfläche gesunken sind. Ich sehe Narben auf und Tinte unter der Haut, Dehnungsstreifen oder blasse Stellen auf meiner schneeweißen Hautoberfläche. Manche Merkmale sind nur temporär, andere sind von nun an unverrückbar meinem Erscheinungsbild zugeordnet. Doch vieles von dem, was ich zu mir zähle, ist für das bloße Auge nicht sichtbar, es sind Schichten, die unter den Pigmenten ein-gebettet liegen und mit Erinnerungen verknüpft sind. Die Geschichten dazu erzählen sich erst dann, wenn jemand danach fragt oder durch Zufall auf sie stößt. Andere meiner Anteile rücke ich prominent und offensichtlich ins Rampenlicht. Meine gefärbten Haare beispielsweise oder die Art und Weise, wie ich mich kleide. Ich betrachte mich selbst im Spiegel, betrachte die Worte und Bilder, die ich wie Brotkrumen auf meinen Weg streute. Schon in jungen Jahren sind viele Dinge nicht spurlos an mir vorübergegangen. Sie haben mich geformt, ich habe mit ihnen als Bausteine eine Bühne gebaut.

Seit ich mich erinnern kann, habe ich mit meinem Körpergewicht zu kämpfen. Ich werde früh in der Schule dafür gemobbt, entwickle eine Körperdysmorphie und verliere mich stets in Diäten und neuen Methoden zur Gewichtsreduktion. Meine Wahrnehmung von mir und meinem Körper weicht stark von der Realität ab. Mir fällt es schwer auszumachen, wo ich beginne und wo mein Körper endet. Ich versuche das mit Fotografien von mir zu kompensieren, doch erst durch eine Ergotherapie lerne ich, eine adäquate Körperwahrnehmung zu entwickeln. Im Jugendalter gelte ich als stark adipös – ein Stempel, den ich nie ganz loswerden werde.

Später wird mein Körper starke Gewichtsschwankungen durchlaufen. Ich nehme 25 Kilogramm ab, nehme sie wieder zu, nehme sie wieder ab. Was davon übrig bleibt, sind Narben, Dehnungsstreifen und Hautlappen. Ich benötige schwere Operationen und bin zwischenzeitlich an Krücken gefesselt. Ich habe nie gelernt, meinen Körper zu lieben, mich mit und in ihm wohlzufühlen oder gar keinen Gedanken an ihn zu verschwenden.

Bis heute tut mir an manchen Tagen der eigene Anblick weh. Trotzdem verstecke ich mich nicht vor der Welt, im Gegenteil: Ich nehme nun den gesamten Raum ein, der mir zur Verfügung steht. Auf meiner Social-Media-Plattform poste ich ein Foto von meinem Bauch. Es ist ein revolutionärer Akt, denn mein Bauch ist alles andere als normschön. Ihn zu zeigen ist eine Rebellion gegen die allgemeine Wahrnehmung von Frauenkörpern und gegen die Erwartungen an diese. Ein Hautlappen ragt über mein Becken. Risse, Dehnungsstreifen und Narben übersäen das blasse Stück Fleisch. Ich ernte Zuspruch, hunderte von Kommentaren voller Begeisterung. Ein Kontrast zur immer perfekten Social-Media-Blase. Dabei ist es auch und gerade diese Plattform, die mir mehr und mehr Wissen über eine Bewegung zukommen lässt, der ich mich anschließen kann. „Have a body" ist deren Devise. Nicht mehr und nicht weniger.

Häufig heißt es, dass Menschen, die nicht gängigen Schönheitsidealen entsprechen, Bewegungen wie Body Positivity oder Body Neutrality als Entschuldigung verwenden, um nicht der Norm entsprechen zu müssen. Dick wird in dieser Denkweise mit faul gleichgesetzt. Dabei ist der Ansatz des Konzepts von Body Neutrality ein anderer. Er bietet Fläche für alle Formen des menschlichen Äußeren. Er bewertet nicht, er bricht das Konzept Schönheit auf den Kern herunter: Funktionalität. Und selbst dabei bleiben Menschen mit Behinderungen nicht ausgeschlossen, denn Funktionalität definiert sich nicht durch eine (oft westliche) Körpernorm, sie schließt jede Art von Körper mit ein. Body Neutrality feiert das Wippen mit dem linken Zeh, das Lächeln über den schiefen Zähnen, das Hochziehen einer Augenbraue oder den Spaziergang am See entlang. Langsam findet ein Umdenken statt. Schönheit wird nicht mehr bloß am äußeren Erscheinungsbild gemessen, es wird hinter die Fassaden geblickt. Äußere Merkmale sind vergänglich, es ist die Art und Weise, wie wir uns geben, welche Wirkung wir auf andere haben, es sind unser Auftreten und unsere Haltung, die zählen. Was ich an den Menschen in meinem nahen Umfeld liebe, ist nicht von ihrem Aussehen abhängig. Es definiert sich durch die Dinge, die sie tun, die sie sagen und wie sich die Verbindung anfühlt.

Heute handhabe ich meine eigene Körperwahrnehmung differenziert. Ich mache unregelmäßig Sport, gehe gerne tanzen, ich laufe stundenlang mit meinem Hund durch die Wälder und schlinge meine Arme um die Menschen, die mir wichtig sind. Je nach Tagesverfassung fühle ich mich schön, müde oder unwohl. Und genau das ist die Quintessenz: Schönheit ist ein Gefühl, es ist eine Emotion, die man in sich und in anderen auslösen kann und die nichts damit zu tun hat, wie unser Körper aufgebaut ist.

Das verborgene Zimmer

Meine Jugend verbringe ich zu einem großen Teil online. Ich bewandere verschiedene Internetplattformen, sie nähren meinen Drang nach Darstellung und Ausdruck, sie formen meine Sprache. Ich finde außerhalb der Grenzen meines Heimatdorfs Gleichgesinnte und tauche tiefer ein in die Welt der Kunst und Kultur. Was mir zuvor verwehrt blieb, wird nun ein fester Bestandteil meiner Interessen: Fotografie und Literatur, Musik, Film und Theater. All diese Kunstformen halten Einzug in ein Zimmer, das bereit ist, zu einem Haus heranzuwachsen. Ein Haus, das sich *Aufwachsen* oder *Entwachsen* nennt, denn ich bin damit im Begriff, mich von meiner Herkunft zu entfernen. Als ich beschließe, eine höhere Schulausbildung anzustreben, trennt mich das bereits vom Rest meiner Familie. Es hat einen bitteren Beigeschmack, nicht mit 15 Jahren ins Berufsleben einzusteigen, um so schnell wie möglich auf eigenen Beinen zu stehen.

Stattdessen kreiere ich ein Pseudonym für die Worte, die ihren Weg ins Netzmeer finden, und nenne mich Minusgold. Minusgold – das setzt sich einerseits aus der Tätigkeit zusammen, Worte aus meinem Kopf auf eine freie Fläche zu subtrahieren und andererseits aus dem „Gold" – eine tägliche Erinnerung daran, welche Wertigkeit mein Schreiben, mein Wesen und mein Ausdruck haben. Etwas, woran ich mich in den frühen Anfängen immer wieder erinnern möchte.

Das Schreiben von Lyrik und Prosa ist für mich zunächst mit Scham verbunden, ich habe Angst vor dem Urteil und der Kritik Anderer, weswegen ich mich hinter einem Wort verstecke, das meine reale Person mit meiner Leidenschaft nicht in Verbindung bringt. Es herrscht eine klare Trennung zwischen meinem realen Auftritt und der Persönlichkeit, die ich auf Internetplattformen darstelle. Das hat eine enthemmende Wirkung auf mich und erlaubt mir schon damals, Themen aufzugreifen, die unangenehm sind. Ich schreibe über meine erste Erfahrung mit dem Tod, schreibe über die darauffolgende Depression, die sich schon im Jugendalter abzeichnet. Ich schreibe selbst über meinen Klinikaufenthalt in einer Kinder- und Jugendpsychiatrie, von dem Schulfreund*innen nichts erfahren sollen.

In dieser Online-Parallelwelt entwickelt sich eine verständnisvolle Community, in der ich Halt finde. Psychische Erkrankungen und existenzielle Fragen, mit denen junge Menschen während ihres Aufwachsens konfrontiert sind, finden so einen künstlerischen Ausdruck. Zeitweise fühle ich mich Menschen, die viele Kilometer weit weg leben, näher als meinen realen Freund*innen.

Was in diesen Jahren entsteht, ist ein Übungsfeld für all das, was danach folgen soll. Es ist ein strenges Training, in dem ich immer wieder in eine sprachliche Auseinandersetzung mit meinem Leben gehe. Genau dort begründet sich mein offener Zugang zu Themen, die im alltäglichen Leben kaum benannt werden. Denn in der Schule werde ich weder über den Tod noch über psychische Erkrankungen aufgeklärt. Niemand macht mich mit einer anderen Form der Körperakzeptanz bekannt als der, den Körper als Leistungsträger und Statussymbol zu betrachten. In meiner realen Welt suche ich vergeblich nach Vorbildern, die aus prekären Lebensverhältnissen kommen und trotz einschneidender Erlebnisse Herausforderungen meistern. Meine Vorbilder sind junge Menschen, die sich in verschiedensten Kunstformen mit der Reflexion ihres Selbstbildes auseinandersetzen und daraus eine Fläche bilden. Eine Fläche, die Zusammenhalt und Verständnis füreinander ermöglicht. Für Menschen wie mich, die sich in ähnlichen Denkprozessen befinden.

Auf diesem Übungsfeld wird mir die heilende Wirkung dieses speziellen Ventils bewusst. Das Schreiben wird zu einer therapeutischen Tätigkeit, die darüber hinaus einen Wert für andere entwickelt. Und nicht nur das: Durch das Teilen meiner Gedanken und Erlebnisse finde ich Zuspruch und werde in meinem Tun bestärkt. Ich entwickle nicht bloß ein Bewusstsein, sondern viel mehr auch ein Selbstbewusstsein, verbunden mit der Ausdrucksform, die ich wähle. Inmitten einer kleinen literarischen Internetcommunity hat meine Stimme an Gewicht und Wert gewonnen. Und ich begreife zum ersten Mal in meinem Leben, dass ich nicht fehl am Platz bin.

Das nächste Stockwerk

Die verschiedenen Gesichter, die ich als Jugendliche strikt voneinander trenne, aus Angst, verurteilt zu werden, führe ich als junge Erwachsene mit Stolz zusammen. Ich trage nicht zwei voneinander getrennte Identitäten in mir, bloß weil meine Internet-Persona lediglich Ausschnitte meiner realen Persönlichkeit widerspiegelt. Ich bin nicht zerrissen oder handle überhöht, weil ich in der Anonymität lange mehr Raum für meine Geheimnisse fand als in jedem realen Gespräch.

Die Jahre, die ich anonym im Internet verbrachte, formten Verbindungen, die bis in meine Gegenwart bestehen. Die Interaktion mit Gleichgesinnten einer Community hat mich aufblühen lassen, hat mich gestärkt in meinem Vorhaben, zu mir selbst zu finden. Ich würde diese Gemeinschaft heute als „Safe Space" bezeichnen, wo ich mich ausprobieren konnte, wo ich mich Schritt für Schritt entlanghangelte und nach und nach die Maske, die dem Schutz diente, lüften konnte. Eine Community, die einen Ort schuf, an dem man seine Ängste ausleben kann, sich ungefiltert der Welt mitteilt und dafür Zuspruch erntet. Wir haben uns verausgabt, mit all dem, was in den Schulhöfen keinen Raum fand.

Die Sorge, meine beiden Gesichter wären unvereinbar, erwies sich als unbegründet. Mit dem Mut und der Rückendeckung einer Plattform voller Menschen, die ich zum Großteil nie getroffen hatte, gelang es mir, zu mir und meinem Schaffen als Schreibende zu stehen. Einzig und allein, weil eine Handvoll Menschen, die im deutschsprachigen Raum verteilt lebten, mit meinen Texten resonierte. Ich konnte es ertragen, in meiner realen Welt eine Aussätzige zu sein, solange ich online einer Gruppe von Gleichgesinnten angehörte.

Viel mehr als auf die Entwicklung meiner Sprache und das Herausarbeiten eines eigenen Stils kam es auf die zwischenmenschliche Komponente an. Sie ist der springende Punkt, wieso ich heute meine Ausdrucksform mit Selbstsicherheit untermale.

Was geschieht, als ich meinen Namen mit einem Pseudonym zusammenführe – ein Gesicht zu der anonymen Schreiboberfläche addiere? Es ist der Sommer 2012, als ich gesammelte Werke an Lyrik und Prosa der letzten Jahre in ein Buch drucken lasse. Darauf folgt ein Herbst, in dem ich meine ersten Lesungen gebe und Minusgold verkörpere, anstatt ausschließlich zu schreiben. Zwei Welten treffen aufeinander und vermischen sich. Das ist eine wunderschöne Erfahrung, denn ich erlebe nun auch im realen Austausch Zuspruch und Wertschätzung.

Jede*r trägt zu einem gewissen Grad in unterschiedlichen Kontexten eine Maske. Darauf sind wir angewiesen, das verlangen letztlich auch die gesellschaftlichen Konventionen von uns. Wir sind ein Entwurf, bis wir ein Bewusstsein entwickeln und sich daraus Ebenen erschaffen, die wiederum ein Erscheinungsbild kreieren, die unserer Vorstellung von uns selbst gerecht wird. Während wir uns entwickeln und heranwachsen, gewinnen wir stetig an Möglichkeiten der Darstellung dazu. Das beginnt bei der Mode, bei der Art, wie wir uns kleiden, setzt sich fort in der gesellschaftlichen Öffnung hin zu diversen Strömungen, bis zur Entwicklung einer digitalen Persönlichkeit.

Beschäftigt man sich mit der Wechselwirkung zwischen Äußerem und Innerem, kommt man nicht an der Frage nach individueller Freiheit vorbei. Es ist für mich ein gesellschaftspolitischer Akt, die eigene Identität zu entwickeln und sie nach außen zu stülpen. Gerade, wenn diese sich von der Norm abhebt. Man muss sich unweigerlich der Frage stellen, wie frei wir in der Wahl unserer Darstellung sind. Damit meine ich vor allem sozioökonomische Faktoren wie Hautfarbe, Herkunft, Religion, Klasse und angeborenes Geschlecht. All diese Bereiche wirken sich darauf aus, inwiefern wir uns frei bewegen können. Als Frau ist es beispielsweise mit Vorurteilen behaftet, sich freizügig mit dem eigenen Körper auseinanderzusetzen. Attribute wie „Arroganz" oder „Eitelkeit" werden schnell zugewiesen. Dabei ist es wichtig, viele Rollen auszuprobieren, bis man sich in einer wiederfindet.

Das bringt mich zu der Annahme, dass Freiheit ein Paradoxon ist. Uns frei von Erwartungen und Normen zu machen, geht einher mit der Einschränkung gesellschaftlicher Teilhabe. Aufzufallen bedeutet demnach nicht nur, sich selbst zu verwirklichen, sondern auch, sich verstärkt der Bewertung und dem Urteil anderer auszusetzen. Wer sich von der Menge abhebt, wird merken, dass die Aufmerksamkeit, die ihm zuteilwird, nicht nur mit positiven Reaktionen verbunden ist. Sich Raum zu nehmen heißt eben immer auch, eine Fläche für Interpretationen zu erschaffen.

Wie wir uns definieren, ergibt sich aus dem Querschnitt der Rollen, die wir bedienen. Die Rollen, die wir wählen (können), stehen im Bezug zu unserer Freiheit. Nicht nur in der Kunst, in jeglicher Interaktion hat es Auswirkungen, welche Darreichungsform unseres Selbst wir zur Verfügung stellen, welche Ideen wir in unserem Gegenüber wecken und wie sehr sich dies mit dem ganz persönlichen Blickwinkel deckt.

Fernab von dem Spiel mit Farben und Formen etabliert sich ein Zwang, eine Grenze zu markieren, etwas anderes zu werden, danach zu streben, aus dem Einheitsbrei hervorzustechen. Sich selbst zu vervielfachen ist einerseits leichter denn je und gleichzeitig eingeschränkt wie nie zuvor. Die zur Verfügung stehenden Möglichkeiten sind beinahe unerschöpflich, ihre Konsequenzen sind nicht selten eng verbunden mit psychischer Gesundheit. Denn sich selbst zu verwirklichen bedeutet heute umso mehr, sich nicht länger hinter althergebrachten

Strukturen zu verstecken und dadurch erneut Angriffsfläche zu bieten. So heilsam der Weg zur Authentizität
sein kann, so tückisch ist die Last der Bewertung durch
andere. Unsere Maximen haben sich verschoben, hin zu
einem Streben nach Verwirklichung. Doch wie wirklich
ist diese Selbst-Darstellung, und entfernt uns ihre Gestaltung von der Wahrheit oder rückt sie uns näher an
sie heran?

Ein Riss im Fundament

Meine Sinnesorgane haben sich verändert. Ich bin auf-
gewacht und neben mir lag ein toter Mensch. Das wusste
ich beim Aufwachen noch nicht, und auch nicht, dass
mir von da an der Tod immer wieder begegnen würde.
An Orten, an denen ich ihn nicht vermutete. An Orten, an
die er eigentlich nicht gehörte, zumindest nicht für die
meisten. Das waren Orte, die sich „jugendlicher Leicht-
sinn" und „erste Schritte" nannten. Das waren Silhou-
etten aus zartrosa gefärbter Haut und gemeinsamen
Kochabenden. Verwaschener Lippenstift an zerknitterten
Kragenenden. Das waren Orte, wo das Leben gerade erst
begonnen hatte.

Und dieser Mensch, das war nicht irgendein Mensch.
Das war der Mann, dem ich „Gute Nacht" sagte und den

ich „Gehen wir heute ins Kino?" fragte, das war der Arm, in dem ich mich sicher wog und das Gesicht, das ich in seinen Einzelheiten so gut kannte wie andere ihren Weg zur Arbeit. Das war ein Mann, auf dessen Lippen ich Zukunft küsste, eine Zukunft, der man keine Fragen stellt. Eben eine, der man sich sicher ist.

Seit diesem Morgen kleidet sich die Welt für mich in andere Farben, mein Blickfeld ist fokussiert auf das Wesentliche. Nicht jeden Tag, aber öfter als zuvor sehe ich den Menschen, die ich liebe, tiefer in die Augen. Halte Momente fest und koste jedes Gefühl bis zur Neige und darüber hinaus aus. Die guten wie die schlechten. Wenn ein weiterer Frühling Einzug in das Jahr hält, rieche ich nicht bloß das Erwachen, ich rieche auch die Vergänglichkeit. Jede Berührung auf meiner Haut schreibt sich ein, sinkt mir wie ein weiteres Tattoo in die Poren. Lange Zeit war eine Sirene nicht bloß ein Hintergrundgeräusch der Großstadt. Sie war die Angst, die mir die Beine hochkroch und sich um meinen Körper schlang. Meine Sinnesorgane haben sich verändert, an diesem einen Sommertag im August, kurz bevor es Sternschnuppen aus dem Himmel regnete.

Später, nicht gemessen an der Zeit, die verging, aber an Wegen, die ich hinter mich brachte, gemessen an den Wiederholungen, die Schwere aus der Magengrube zu heben, stieß mich der Tod zwei weitere Male aus dem

Stand. Er sagte: „Möchtest du dich setzen, es ist etwas Schlimmes passiert" und „Du weißt, wieso ich dich so spät noch anrufe, es ist so weit". Und in diesen Momenten schmeckt man jeden Bestandteil des Atems, der einem wegbleibt, man fühlt jeden Partikel, der eigentlich in die Lungenflügel wandern sollte und es nicht tut.

Das Fehlen hat einen ganz eigenen Geschmack. Es ist nicht schwarz und brachial, wie anzunehmen wäre, es definiert sich erst in der Abwesenheit. So wurde die Trauer mein Lieblingsgericht, mein tägliches Brot. Die Trauer wurde eine Mahlzeit, die ich regelmäßig zu mir nahm, sie sättigte mich und sie sorgte dafür, dass ich einen Tag nach dem anderen bewältigte und mich mit ihr auseinandersetzte. Ich habe sie nicht zubereitet, sie wurde mir serviert. Manchmal, und das passiert nun einmal mit leicht verderblichen Lebensmitteln, erwischte ich eine schlechte Portion Trauer und musste mich auskurieren. Es benötigte Pflege und Tee und Schlaf. Aber vor allem Wasser, nur nicht eines, das in den Körper hineinmuss, sondern Wasser, das den Inhalt auswäscht. Das war der Zeitpunkt, an dem ich lernte zu weinen, stunden-, manchmal tagelang. Das Weinen war wichtig, das Weinen war die einzige Medizin, die gegen die Trauer immun machte.

Heute halte ich es mit der Trauer wie mit anderen Speisen, die ich gerne zu mir nehme. Ich werde ihr für weite Teile der Strecke überdrüssig, möchte keine Teelöffelspitze davon in meiner Suppe finden. Es stößt mir bitter auf, sobald sich ihre Vermutung in meiner Mundhöhle breit macht. Doch von Zeit zu Zeit wähle ich die Zutaten behutsam aus, bereite die Erinnerungen auf, mit einer Prise Schmerz, und koste die Trauer aus.

Denn das ist eine Geschichte, die ich gerne später, in anderer Intensität oder Häufigkeit erfahren hätte: Es gibt keinen Ort, an dem der Tod nicht lebt. Was es gibt, ist die Möglichkeit, ein ganz eigenes Rezept für den Umgang mit dem Tod zu entwickeln, angepasst an persönliche Vorlieben und Aversionen. In akribisch überarbeiteten Portionen und Fehlkonstruktionen. Der Tod ist ein Gericht, das wir zeit unseres Lebens an irgendeinem Punkt verdauen müssen. Und dafür ist unser Körper schließlich konzipiert: Wir verdauen.

Den Erschütterungen standhalten

Im Sommer 2016 verstirbt mein Partner plötzlich an einer Lungenembolie im Schlaf. Ich wache morgens auf und finde seinen leblosen Körper neben mir im Bett vor. Das ist ein Tag, der einen großen Einschnitt in meinem Leben markiert.

Schon zuvor nutze ich soziale Netzwerke zur Dokumentation in Bildern, zur Selbstdarstellung in Worten und als Übungsfläche für mein Schreiben. 2010 habe ich begonnen, erste Lyrik in der Auseinandersetzung mit Depressionen und Körperdysmorphie in die Welt zu setzen. Es erweist sich für mich als heilsam, Dinge anzusprechen, sie aus dem eigenen System herauszuspülen und in schriftlicher oder fotografischer Form zum Ausdruck zu bringen. Ich blicke schon damals auf eine Sammlung an unterschiedlichen Phasen meiner Entwicklung zurück. Ich hinterlasse mit meinen Veröffentlichungen digitale Fußabdrücke, die ich mit einem überschaubaren Publikum teile und in kleinen Salons bei Lesungen vortrage.

Zu dem Zeitpunkt ist das ein Automatismus, der mit dem Aufwachsen als Digital Native einhergeht. Ich tue nichts anderes als mein Umfeld auch, ich kenne viele in meinem Freundes- und Bekanntenkreis, die Blogs betreiben, Bilder schießen und die analoge Fotografie für sich entdecken. Es ist eher der Drang nach Dokumentation als ein bewusstes Erbauen einer Bühne. Ich strebe keine Bekanntheit an, ich möchte schreiben und meinen inneren Vorgängen einen digitalen Ort zuweisen. Es ist nicht nur mein Archiv und Teil meines Erinnerungsvermögens, es ist auch ein Raum des Diskurses und der Begegnung.

Im Jahr 2016 ändert sich nicht nur schlagartig meine reale Lebenswelt. Denn als ich mich dazu entschließe, einen Beitrag zu verfassen, der meine Verzweiflung und Trauer zum Ausdruck bringt, ändert sich mit einem Mal auch die Aufmerksamkeit, die auf mich gerichtet ist. Ich treffe einen Nerv, besetze eine Leerstelle. Das Fehlen von sichtbarer, junger Trauer. Die Auseinandersetzung mit dem plötzlichen Tod von Menschen, die kaum angefangen haben zu leben. Als ich diesen Beitrag verfasse, ahne ich nicht, dass später Magazine, das Fernsehen und Zeitungen darüber berichten werden. Ich kann nicht abschätzen, dass sich daraus gemeinsam mit anderen Menschen eine erfolgreiche Selbsthilfe-Initiative bilden wird. Ich ahne nicht, dass mich fortan Menschen auf der Straße darauf ansprechen werden und in Bars hinter meinem Rücken geflüstert wird. Am Tiefpunkt meines eigenen Lebens bin ich auf einmal eine Projektionsfläche für viele Menschen, die ihre Trauer nicht nach außen kehren können.

Ich hingegen lege meinen Trauerweg offen dar. Ich räume mit jedem gut gemeinten Ratschlag, jedem Klischee und jeder gesellschaftlich erwünschten Position auf. Ich bin radikal in meinen hässlichsten Facetten. Ich merke, welcher Bedarf besteht und wie sehr sich die Menschen nach einem Einblick sehnen. Wie sehr sie schaudern und Halt finden in den Geschichten, die ich aus meinem Alltag teile. Mir wird erst in der Rückschau bewusst, dass ich einen Hohlkörper gebaut habe. Menschen legen ihre Schicksale, ihre Geschichten und ihre unverheilten Wunden in meine fragile Wabe. Plötzlich ist meine eigene Form, Dinge zu verarbeiten, sie wie eine Marktschreierin vom Stadtplatz zu brüllen, nicht nur eine Möglichkeit für mich zu wachsen, sondern auch für andere, sich verstanden zu fühlen. Es entsteht ein kollektives Verständnis füreinander.

Damit wuchs nicht nur meine sogenannte Reichweite, sondern auch das Verständnis dafür, dass mein Darstellungsdrang einen Bedarf bediente, der von nun an ein neues Kapitel in meinem Leben betiteln sollte: schamlose Offenheit. Oder wie es Lora Mathis, eine amerikanische Schriftstellerin, zu sagen pflegt: „radical softness as a weapon".

Meine Offenheit entstand aus der Unfähigkeit, Dinge zu verschleiern, sie im hintersten Kämmerchen mit mir selbst zu verhandeln. Ich bin nicht dafür gemacht, still und heimlich meine Wunden zu lecken. Es hat dreiundzwanzig Jahre gedauert, bis ich begriffen habe, dass eine Eigenschaft, die ich für ein Manko hielt, tatsächlich eine Fähigkeit ist, die nicht nur mir, sondern vielen anderen Menschen hilft.

Von da an lege ich ganz bewusst mein Innerstes in die Auslage. Ich habe einen Perspektivenwechsel vollzogen und von meinen vermeintlichen Defiziten auf das gelenkt, was mir und anderen Menschen hilft: auf den offenen Umgang mit meiner Verletzlichkeit. Von nun an eröffnet sich eine Möglichkeit, meine persönliche Betroffenheit auch als Plattform zu nutzen. Sie zu abstrahieren und die Projektion zuzulassen.

Aus Trümmern gebaut

Im Rückblick habe ich im Leben viele Gelegenheiten gehabt, einen anderen Weg zu wählen. Als ich mich mit der Trauer konfrontiert sah, sah ich mich in erster Linie nicht mit der Hoffnungslosigkeit konfrontiert, sondern mit der Auswahl an Coping-Strategien, die ich versuchen könnte. Ich redete mit Freund*innen und ich schwieg, ich hörte traurige und fröhliche Musik. Ich kaufte mir eine Staffelei und Malfarben und hoffte, dass das Auftragen von Farben Linderung mit sich bringen würde. Ich las Biografien und ich begann Selbsthilfebücher. Keines davon habe ich zu Ende gelesen. Denn mit Trauerphasen und dem Etablieren von Ritualen konnte ich mich nicht arrangieren. Ich schrieb meine wissenschaftliche Abschlussarbeit an der Fachhochschule über den Umgang mit Trauer, doch selbst das machte mir nicht erklärbar, was mit mir geschah. Da war kein Glaube, an den ich mich klammern konnte und wollte, kein Himmel und kein Leben nach dem Tod. Ich habe die üblichen Pfade zum Umgang mit Schicksalsschlägen und meiner Kritik an der Gesellschaft ausprobiert und ich bin zu dem Entschluss gekommen, dass sie für mich nicht passend sind. Daraus schließe ich: Wenn man seinen Platz in der Welt nicht findet, muss man einen Trampelpfad eröffnen und stolzen Schrittes voranschreiten.

Ich werde oft als stark oder mutig bezeichnet, wenn es um die Art und Weise geht, wie ich meine Themen platziere und umreiße. Ich habe neben Kritik oft Bewunderung geerntet. Dabei ist es mir wichtig zu markieren, dass es keine Leistung darstellt, einen bestimmten Umgang für sich zu finden. Der Drang zu überleben und Dinge zu bewältigen liegt in den meisten von uns tief verankert und wird eine Möglichkeit finden, sich auszuformulieren. Ich hatte die Sprache zur Verfügung, und im verzweifeltsten aller Momente verspürte ich den Drang, aufzuschreien.

Ich teile als Minusgold jeden Schritt, der mich den Trauerweg entlangführt. Ich teile die Nächte, in denen es mir unmöglich scheint, die Außenwelt wahrzunehmen und am gesellschaftlichen Geschehen teilzunehmen. Ich teile die Hoffnung, die in mir verankert bleibt, irgendwann wieder ein glückliches und unbelastetes Leben zu führen. Ich schreibe über gemeinsame Momente mit meinem verstorbenen Partner, darüber, welche Lücke die Liebe hinterlässt, wenn der Tod sie an sich reißt. Erinnerungsarbeit nennt man das in der Theorie, doch ich denke nicht an theoretische Modelle der Verarbeitung, ich handle intuitiv. Ich habe immer das Gefühl, dass etwas herausmuss, dass ich es aus meinem System spülen möchte. Nicht nur auf ein Blatt Papier, sondern auf ein Plakat, eine Litfaßsäule, da, wo es alle sehen können. Ich fühle mich dann leichter, für kurze Zeit scheint die Last von meiner Brust gewichen und durch positiven

Zuspruch ersetzt zu sein. Die Welt erinnert sich mit mir, und das ist schön.

Ich möchte, dass alle wissen, was passiert ist. Nicht, um Mitleid mir gegenüber zu wecken, sondern um die Außenwelt aufzurütteln. Aufmerksamkeit dafür zu schaffen, dass die schlimmsten Dinge nicht bloß immer „die anderen" treffen. Ich mache mein persönliches Erdbeben zu einer regionalen Katastrophe. Durch mein Schreiben mache ich sicht- und fühlbar, was es bedeutet, in einem Moment mit Verlust und Trauer konfrontiert zu sein, in dem man eigentlich Leichtigkeit verspüren sollte. Immer wieder rechne ich es im Kopf aus: Wie hoch ist die Wahrscheinlichkeit, dass einem so etwas passiert? Schließlich nehme ich an einer geführten Trauergruppe für junge Menschen mit Partner*innenverlust teil und bemerke: Es ist gar nicht so unwahrscheinlich. Daraus wird später eine Initiative entstehen, die vor allem durch Franziska Hayden, Dagmar Reinisch und Niki Weber heute der Young Widow_ers Dinner Club ist. Der YWDC entstand aus dem Bedürfnis, Trauer im öffentlichen Raum sichtbar zu machen und eine gesellschaftliche Teilhabe innerhalb eines Safe Space zu ermöglichen. Am Anfang standen acht Frauen, die, durch einen Todesfall verbunden, einen Beginn setzten, wo zuvor ein großes Ende emporragte. Gemeinsam organisierten wir die ersten zwei Jahre hindurch monatliche Treffen in verschiedenen Restaurants Wiens und ermöglichten so jungen Menschen mit Partner*innen-Verlust, sich außerhalb einer geführten Trauergruppe auszutauschen und bei einem gemeinsamen Abendessen Gleichgesinnte zu finden.

Mittlerweile ist der Young Widow_ers Dinner Club eine eingetragene Selbsthilfegruppe in Österreich, und viele deutschsprachige Städte in Deutschland sowie der Schweiz folgten unserem Beispiel und halten nun monatliche Treffen ab. Die Mitarbeit an der Entstehung des YWDC hat mir bewusst gemacht, wie befähigend eine tiefe Krise auf eine Gemeinschaft auswirken kann.

Sich verwandelnde Räume

Im Angesicht existenzieller Erschütterung durch ein einschneidendes Erlebnis verschiebt sich das Zeitgefühl. Das ist womöglich die erste Lektion, die einen der Tod eines nahestehenden Menschen lehrt. Was man im Leben *davor* im Kleinen schon kannte, nämlich dass manche Momente des intensiven Glücks sich ewig anfühlen, dass die Wahrnehmung immer in Relation zur Bedeutung des Moments steht, zeigt sich nach dem Tod eines Menschen deutlich. So deutlich, dass eine Grenze zwischen dem *Davor* und dem *Danach* spürbar ist. Das Danach ringt vor allem mit der gesellschaftlichen Einbettung von Erwartungen, denn plötzlich gehört man zu einem eigenen Kreis von Atmenden, man gehört zu den Menschen, die wissen, was es bedeutet, jemanden zu verlieren. Unwiederbringlich. So ist eine ganz konkrete Erinnerung, die viele teilen, dass auf einmal Maßstäbe von außen an einen herangetragen werden. Nach ein paar Tagen zurück in die Arbeit. Nach ein paar Wochen wieder funktionieren. Nach ein paar Monaten nicht mehr daran denken. Weitermachen. Das ist die eine Seite.

Die andere Seite zeigt sich grau schraffiert. Sie bewegt sich nur kriechend, fallend, stockend. Sie bittet immer wieder um ein Zurück, ein Innehalten. Mit 24 Stunden dauernden Tagen konfrontiert zu sein, kann von großer Angst bis zu Lethargie und Erstarren alles auslösen. Oder sie kippt in die Geschäftigkeit. Sie ordnet, regelt, sortiert und arbeitet alles nach einem straffen Plan ab. Sie vergisst sich in den Strukturen der Tageszeiten, beinahe mechanisch werden Dinge abgehakt, aufgefüllt und groß gemacht. Der luftleere Raum mit Krempel zugestellt. In jedem Fall sprechen wir jedoch davon, wie sich in meinem Erleben jede Tätigkeit ewig anfühlt.

Ewigkeit. Ein nicht näher eingegrenzter Zeitraum, der sich über die allgemeine Vorstellungskraft hinaus dehnt. Sie ist allmächtig und nicht abzustreifen. In all den Jahren meines Schreibens habe ich nie einen derartigen Drang verspürt, ein Gefühl zu Papier zu bringen wie damals. Ein Ritual des Verewigens.

In meinem damaligen Freundeskreis erfahre ich negative Rückmeldungen. Wieso ich meinen Trauerweg öffentlich darstelle, ist für viele nicht begreifbar. Ich poste ein Foto meiner aufgequollenen Augen, auf meiner Wange hat sich die Träne ihren Weg durch die verlaufene Wimperntusche gebahnt. Wieso weine ich nicht im Stillen, wieso mache ich ein Bild eines privaten Moments für alle anderen sichtbar? Ich tue das, weil ich keine andere Idee habe, als es zu tun. Ich tue das, weil es mir für einen Moment das Gefühl vermittelt, nicht allein mit meinem Schmerz zu sein. Ganz nach dem Prinzip: Geteiltes Leid ist halbes Leid. Und es hilft. Es hilft über die einsamen Stunden hinweg, es wirkt wie ein Druckverband, wenn ich wieder im Begriff bin, meine Wunden aufzureißen. Die Welt nähert sich meinem Schmerz, mein nahes Umfeld distanziert sich als Antwort darauf.

Ich verstehe das Unbehagen, das in meinem Umfeld aufkam, heute besser. Denn als Freund*in ist man in so einer Situation oft hilflos. Zu sehen, dass Betroffene mit ihrer Trauer nicht hinterm Berg halten, sondern sie in die Welt schreien, macht es unübersehbar. Ich erlebe Zurückweisung, und viele der Freundschaften, die ich damals führe, sind heute nur noch Erinnerungen an eine gemeinsame Zeit. So wie mich die Trauer verändert hat, verändert sie auch meine Beziehungen. Mein Freundeskreis hat sich seit dem Zeitpunkt des Schicksalsschlags völlig erneuert. Ich lerne durch meine Begegnungen mit unzähligen jungen Witwern und Witwen im Young Widow_ers Dinner Club, dass auch das nichts Ungewöhnliches ist. Die Geschichten, die wir uns an den Tischen erzählen, sind manchmal überraschend ähnlich. Der plötzliche Verlust des Partners/der Partnerin geht nicht selten einher mit einem glatten Bruch des sozialen Umfelds. Menschen, die in jungen Jahren jemanden, den sie lieben, verlieren, erleben oft multiple Verluste. Das ist die eigentliche Herausforderung neben der verausgabenden Trauerarbeit. Sich wieder einen Freundeskreis aufzubauen, an einen Arbeitsplatz zurückzukehren, den man als anderer Mensch verließ, und ein Leben zu leben, das eine völlig neue Perspektive auf die eigene Existenz wirft.

All der Gegenwind, den ich erfuhr, hat mich darin bestärkt, meinen eigenen Weg weiterzuverfolgen und meine Bewältigungsstrategien nicht als defizitär zu betrachten. Rückblickend betrachtet bin ich froh, mir die Möglichkeiten nicht genommen zu haben, meinen individuellen und persönlichen Umgang mit dem Thema Tod zu finden. In den vergangenen Jahren ist er mir noch zwei weitere Male begegnet, und jedes Mal aufs Neue war es ein weiterer Schritt eines Weges, den Verlust in die Gegenwart zu integrieren.

Ich bin eines von vielen Beispielen dafür, dass ein Weitermachen möglich ist. Dass es irgendwann aufhört zu ziehen und zu pochen, die Wellen der Trauer immer seltener kommen und uns nicht hochschäumend verschlingen, sondern uns nur bis zu den Knöcheln reichen. Man kann schwere Schicksalsschläge für sich verarbeiten, wenn man eine Option im *Wie* und ein unterstützendes Umfeld hat, sich nicht an herkömmlichen Maßstäben misst und auf die sogenannte Normalität für eine Weile verzichtet. Sie kommt zurück, nicht von selbst, nicht ausschließlich mit der Zeit, aber in der Wiederholung von kleinen Schritten Richtung Zukunft.

Die Raumaufteilung

Ich war noch nie im Belvedere, denke ich, als ich mir vor dem Termin die Füße vertrete. Ich laufe nervös auf und ab. Wieder ein Facharzt, wieder die Hoffnung, dass mir jemand Antworten auf all die Fragen in meinem Kopf gibt. Ich betrete eine großzügig angelegte Praxis, an den Wänden hängen Zeichnungen im Wiener Jugendstil, bei näherer Betrachtung sehe ich die Initialen des Arztes darin verzeichnet, und langsam muss ich mich fragen, ob alle Psychiater*innen gescheiterte Künstler*innen sind. Ich betrete den Behandlungsraum, ein weitläufig angelegtes Zimmer mit einer Fensterfront, die bis auf den Boden reicht und mit direktem Blick auf den Garten des Belvedere. Ein bisschen verloren darin stehen ein antiker Holztisch und zwei Ledersessel. Gegenüber platziert.

Ich befinde mich bei einem privaten Wahlarzt. Woher kommen die Schuldgefühle, fragt er mich, während er meine Befunde der letzten Monate durchblättert. Ich bohre meine Nägel tiefer in die Handflächen als Antwort darauf. Meine Eloquenz schützt mich hier nicht, wovor denn auch? Immer, wenn ich die Chance habe, Hilfe zu bekommen, kommt Angst in mir hoch. Doch diesmal bleibt genügend Zeit, um die anfänglichen Zweifel zu überwinden. Oder: Diesmal habe ich das Privileg, viel Geld bezahlen zu können, um in einer vollen Stunde die so kostbaren Antworten zu bekommen. In dem gesamten Raum steht kein Computer, in einer wilden Handschrift notiert sich der Arzt die verschiedensten Eckdaten. Er nickt und lächelt, er sagt: „Solange sich das Technikzeug vermeiden lässt, drücke ich mich davor." Er sagt mir nicht, dass ich zu jung bin. Er sagt mir nicht, dass ich einen unauffälligen Eindruck mache. Er sagt mir auch nicht, dass alles wieder gut wird. Was er sagt, sind viele klar verständliche, kurze Sätze. Er merkt, wenn es mir schwerfällt, mich zu konzentrieren, er hat ein Gefühl dafür, wie viel Antwort gerade Antwort genug ist. Bevor ich gehe, kritzelt er in seiner wilden Handschrift erst ein Attest, dann ein Rezept. Er sieht mich an und sagt: „Ich möchte, dass Sie diesen Raum ohne Fragezeichen verlassen können." Und ich denke: Wie sieht der Garten des Belvedere wohl im Winter aus?

Es ist 2019 und ich schreibe über meine psychische Erkrankung. Im Sommer bemerke ich erstmals, dass etwas mit mir nicht stimmt. Ich klappere Ärzte ab, ich werde auf unterschiedlichste Psychopharmaka eingestellt. Ich ziehe einen stationären Aufenthalt in Erwägung. All das geschieht als Folge einer gewissen genetischen Prädisposition und multipler Herausforderungen und Traumata, die mein Leben bisher mit sich gebracht hat.

„Sie haben eine chronische Erkrankung", sagt der Arzt zu mir, als ich im viel zu großen Besprechungszimmer drohe unterzugehen. Eine chronische Erkrankung, die für mich im ersten Moment anders zu sein scheint als Diabetes oder Rheuma. Sie ist unsichtbar. Kein Ultraschall kann sie erfassen, auch im Blutbefund fällt sie nicht auf. Trotzdem verursacht sie Schmerzen, bildet Brandherde. Sie kommt in Schüben. Ohne ärztliche oder therapeutische Behandlung sind ihre Ausbrüche kaum unter Kontrolle zu bekommen und die Folgen ermüdend, ja von Zeit zu Zeit sogar zermürbend.

Inwiefern unterscheidet sich meine Erkrankung nun von anderen? Die Wahrheit ist, das tut sie nicht. Meine Erkrankung fällt unter den Begriff der psychiatrischen Störungen, sie ist, vereinfacht gesagt, auf ein hormonelles Ungleichgewicht in meinem Gehirn zurückzuführen. Genau genommen vermutet man, dass die sogenannten Neurotransmitter, die Botenstoffe wie Serotonin übertragen, gestört sind. Dadurch kommt es zu ausgeprägten Stimmungen, die man als Manie und Depression bezeichnet. Ich bin bipolar. Über die Ursache ist man sich weitgehend im Unklaren. Traumata, Stress und organische Faktoren spielen eine Rolle. Anders als nach außen repräsentiert, hat auch diese Erkrankung viele Gesichter. Zwischen Wahnsinn und Tiefpunkt gibt es unzählige Abstufungen. Diese reichen von hypomanen Symptomen, das ist beispielweise die Vorstufe zu einer ausgeprägten Manie, bis hin zu Mischzuständen, in denen sich stabile Stimmungen mit depressiven Tagen oder Aspekten vermengen. Obwohl die Erkrankung für ihren Schwarz-Weiß-Kontrast bekannt ist, ist sie – zumindest für mich – alles andere als das. Ich erlebe keine tiefe Traurigkeit, was ich erlebe, ist ein Nullton, der meine Gefühle, meine Konzentration und meine Energie auf ein Minimum reduziert.

Dass etwas nicht stimmen konnte, wurde mir das erste Mal früh morgens in einer Hotel-Lounge in Barcelona bewusst. Ich hatte zuvor drei Tage auf einem Festival getanzt, gefeiert und gelacht. Das klingt erst einmal nicht ungewöhnlich. Was jedoch seltsam war: Ich benötigte kaum Schlaf, um tagelang aktiv und energiegeladen zu sein, war zu dem Zeitpunkt stark erkältet und fühlte mich dennoch unbesiegbar. Ich empfand keine körperlichen Beschwerden, lief mit einem Antrieb, der mich immer weitermachen ließ. Andere auf dem Festival nahmen Drogen, um auf dieses Hoch zu kommen, auf dem ich wie von allein zu schweben schien. Ich war (hypo-)manisch. Zurück in Wien angekommen schien mir der Gedanke absurd, jedes Glücksgefühl zu pathologisieren, und ich verwarf die Zweifel. Doch der Absturz kam, und er traf mich mit voller Wucht.

Von einem Tag auf den anderen konnte ich nichts mehr fühlen, die Erschöpfung brach über mich herein, doch der Schlaf blieb mir weiterhin verwehrt. Ich konnte nicht mehr essen, meine Konzentration kam mir abhanden, ich entwickelte massive Denklücken und -störungen. Was von mir blieb, war eine Hülle ohne Innenleben. Das war der Zeitpunkt, an dem mir klar wurde, dass ich Hilfe benötigte.

Das Kapitel, das darauf folgte, hieß: Passierschein A38. Wer die berühmte Szene aus dem Asterix-und-Obelix-Film kennt, weiß, was ich damit meine: Es war ein langer Weg, um an der richtigen Stelle zu landen. Ärzte abklappern, auf Termine warten, Medikamenteneinstellungen und eine klinisch-psychologische Diagnostik, um sich einer Ursache bewusst zu werden. Die Versorgungslandschaft für Menschen mit psychischen Problemen und Erkrankungen ist in Österreich prekär. Es dauert Wochen und Monate, bis man irgendwo andocken kann.

Ich sitze also in dem Besprechungszimmer, es ist drei Monate her, dass der Einbruch mich erwischt hat. Seitdem habe ich viel über mich und meine neue Situation gelernt. Mein Psychiater benutzt ganz bewusst das Wort „chronische Erkrankung" anstatt „psychische Störung", er normalisiert, er setzt alles in Kontext, er weiß, dass es wichtig ist, schon in der Wortwahl zu vermitteln, dass hier ein längerer Handlungsbedarf besteht. Bipolar, das ist eine Beschreibung der Umwege, die mein Stoffwechsel machen muss, weil irgendwo ein Botenstoff falsch abgebogen ist. Bipolar, das ist nicht heilbar oder austherapierbar. Es ist ein lebenslanges Lernen. Lernen, mehr zu sein als eine Diagnose und doch nicht außer Acht zu lassen, dass sie existiert. Manche Menschen erleben nur wenige Schübe oder akute Phasen, andere leiden unter einem häufigen Auf und Ab. Das kann individuell stark variieren.

Ein Zuhause erschaffen

Ich habe mittlerweile mithilfe der für mich geeigneten Kombination aus Medikamenten und viel Unterstützung zurück in meine Mitte gefunden. Die Mitte eines Körpers, der in Schieflage geriet. Ich fühle, ich lebe, mit allem, was dazugehört. Vor allem aber: mit einem Rahmen, der mich innerhalb seiner Grenzen ein scheinbar normales Leben – was auch immer das sein mag – führen lässt. Es ist wie alle Errungenschaften mit viel Anstrengung und Energieaufwand verbunden, an diesen Punkt zu gelangen. Psychische Erkrankungen als eine physische Gegebenheit zu beschreiben ist wichtig, weil das Stigmatisieren, das sie begleitet, enden muss.

An schlechten Tagen wünsche ich mir einen gebrochenen Knochen, eine Rötung, irgendetwas Sichtbares, das es für mich und meine Umgebung fassbar macht, warum mir manche Dinge nach wie vor schwerfallen. An guten Tagen begegne ich meiner Erkrankung wie einem kleinen Fehler im System. Ich habe sie nicht verschuldet, sie ist mir widerfahren. Das Wissen darum erleichtert es mir, Akzeptanz und Nachsicht für mich zu entwickeln. Es stärkt mich darin, mich nicht über eine Diagnose zu definieren und gleichzeitig zu verstehen: Keine Bemühung kann ungeschehen machen, was auf einen simplen Fehler in der Körperchemie zurückzuführen ist.

Einen Sommer lang habe ich nicht geweint. Heute blicke ich zurück auf den Weg, der ins Hier und Jetzt führte. Was gut klingt, ist die Notiz einer weiteren Erinnerung, die in Hitze schwelgt. Ich habe in meinem Leben beinahe zehn Jahre Therapieerfahrung angesammelt und jeder Abschnitt davon hat mich näher zu mir selbst gebracht. Nicht immer war es akut, nicht immer lag eine Erkrankung oder eine Episode dem Bedürfnis zugrunde, mich auszutauschen. Ich gehöre zu den Menschen, die eine Therapie im Laufe eines jeden Lebens für angemessen und sinnvoll erachten. Die Wahrheit ist, ich habe viele Pfade beschritten. Im Kern meiner Psyche habe ich meine Erlebnisse akribisch sortiert und hart gearbeitet, um mich letztlich neu anzuordnen.

Psychisch Erkrankten haftet ein gewisses Bild von Schwäche an. In erster Linie scheinen sie unberechenbar, willkürlich und den Anforderungen des Alltags nicht gewachsen. Ich bin mit einem ausgeprägten Leistungsgedanken aufgewachsen. Im Ursprung meiner Herkunft lag immer der Drang, es einmal besser zu haben; eine höhere Ausbildung, keine körperlich anstrengende Arbeit, keine prekären Wohnverhältnisse. Diese Einstellung liegt tief in mir verankert. Keine Erkrankung kann etwas daran ändern. Heute ist es mir gelungen, ein Hochschulstudium abzuschließen, einem geregelten Alltag nachzugehen, ich habe einen guten Job gefunden und lebe in einer stabilen Partnerschaft. Es ist mit viel Anstrengung verbunden gewesen, einen Punkt in meinem Leben zu erreichen, der dem Bild eines gesellschaftlich akzeptierten, „normalen" Lebens gleicht. Mit einer psychischen Erkrankung zu leben bedeutet für mich, das Scheitern in mein Vokabular aufzunehmen. Jede Nuance, die ich setze, ist von einem „Trotzdem" geprägt. Trotzdem bin ich arbeiten gegangen; trotzdem bin ich auf Urlaub gefahren; trotzdem habe ich gelacht oder mich verliebt. Ich habe mich damit arrangiert, dass ich von einem auf den anderen Morgen nicht nur einen Schritt, sondern eine gesamte Strecke zurückgeworfen werden kann.

Ich wiederhole mich an dieser Stelle, doch was ich mir bis zum heutigen Zeitpunkt aufgebaut habe, hat nichts mit angeborener Stärke oder Schwäche zu tun. Es muss ein Umdenken stattfinden, damit echte Chancengleichheit besteht. Jeder Mensch hat unterschiedliche Voraussetzungen, eine hoch komplexe Zusammensetzung an Prädispositionen und Ereignissen, die einen im Leben ereilen können. Es ist für alle Menschen ein Kraftakt, die eigenen Kränkungen und Einschnitte zu bewältigen, sich nicht länger als passiven Part in einer Gesellschaft wahrzunehmen, die keinen Platz für einen vorgesehen hat. Die eigene Geschichte wird immer eine Rolle spielen. Es ist wichtig, sich mit der eigenen persönlichen Entwicklung auseinanderzusetzen. Nur so kann man Herausforderungen, Schicksalsschläge und Niederlagen überwinden. Ich habe aufgehört, die Gegebenheiten in meinem Leben als einen Nachteil zu betrachten. Dabei ist es bedeutend, dass ich lange, bevor ich aktiv etwas an meiner Situation änderte, Mitgefühl für mich verspürte. Selbstmitleid ist der Beginn, sich zu verorten. Was wir brauchen, ist mehr Empathie, und das beginnt in erster Linie bei uns selbst.

Um tragende Wände wissen

Selfcare, das habe ich anfangs noch unter Gesichts-
masken und Sonntagsspaziergängen verbucht. Heute
weiß ich: Selfcare ist zum Beispiel eine jährliche Blut-
untersuchung, oder: kein Schuldgefühl zu haben, wenn
man zu müde ist, um noch einer Einladung zu folgen.
Mein Schatten hat einen Namen, ich spreche von meiner
psychischen Erkrankung. Manchmal kitzelt er an den
Fußsohlen, wenn ich im Begriff bin, in eine Episode zu
schlittern. Dann ist es wichtig, Maßnahmen für mich
zu ergreifen und auf mich selbst zu achten. Er begleitet
mich und erinnert mich manchmal daran, den Fokus auf
meine Bedürfnisse zu legen. Er ist nicht immer präsent,
doch er ist untrennbar mit mir verbunden. Seit Kurzem
treffe ich Entscheidungen, die ich vor einiger Zeit noch
bereut hätte. Entscheidungen, die unangenehm sind,
für mich und für andere. Ich denke daran, wie es wäre,
Insulin statt kleinen Pillen in mein System zu spülen, um
es aufrechtzuerhalten und ob das etwas ändern würde.
Es wäre einfacher, anderen begreiflich zu machen,
dass mein Organismus eine Fehlfunktion aufweist, die
Unterstützung benötigt. Bei physischen Erkrankungen
wird das Urteilsvermögen nicht in Frage gestellt. Es ist
leichter, anderen zu erklären, wieso man sich einer Behandlung unterziehen muss.

Mein Leben ist bisher stets eines gewesen, das sich
selbst hinterherläuft. Eines, das immer auf etwas folgen

muss, weil ich es in krakeliger Schrift in den Kalender geschrieben habe. Was fortan anders ist: Ich ziehe Reißleinen, lege mich an einem Samstagabend um 21 Uhr ins Bett und schlafe all den gesunden Schlaf in mich hinein, den ich brauche. Ich sage „Tut mir leid", bevor ich mir selbst eine Grenzüberschreitung verzeihen muss. Ich treffe Entscheidungen, die sich anfühlen wie eine frisch gewaschene Jeans: eng und unbiegsam, doch ich trage sie, bis ich mich darin frei bewegen kann. Denn Selfcare hat in erster Linie wenig mit Wellness zu tun, es ist vielmehr die Bedingung, um sich selbst als oberste Priorität wahrzunehmen und damit auf physische und psychische Gesundheit achtzugeben.

Wenn die Überwindung ein Marathon wäre, dann wäre ich Profisportlerin. Die Wege, die ich gerannt bin, sind unsichtbar, sie verlangen nicht nach gutem Schuhwerk, sondern nach Schlaf, der Bestand hat, und wie gut ich mit mir selbst in Verbindung stehe. Sie messen sich an den gewaschenen Haaren, den eingecremten Beinen, den gekochten Mahlzeiten.

Einen Sommer lang habe ich nicht geweint. Was wie ein Anfang erscheint, ist eigentlich das Ergebnis jahrelanger Kämpfe, Schicksalsschläge und einer genetischen Prädisposition. Ich habe in den vergangenen zehn Jahren viele Diagnosen, Psychopharmaka und therapeutische Maßnahmen verordnet bekommen. Mit 17 Jahren wurde ich in der Kinder- und Jugendpsychiatrie stationär aufgenommen. Von Schlafstörungen über Panikattacken, eine Essstörung bis zu Depressionen habe ich viele Symptome psychischer Erkrankungen am eigenen Leib erfahren. Ich sehe all das heute als einen Erfahrungsschatz, aus dem ich schöpfe. Die Welt, sowohl in ihrer Komplexität als auch in ihren Einzelschicksalen und Emotionen, ist mir verständlicher geworden. All die Gefühlsbäder, Berg- und Talfahrten, die ich nahm, haben im Grunde dazu geführt, dass ich ein empathischer und emotional kluger Mensch geworden bin. Diese emotionale Intelligenz, die ich unfreiwillig erworben habe, gebe ich weiter. In meinen Texten, in meiner Arbeit oder im Privaten. Wie zu Anfang beschrieben, stelle ich meine Worte ein Stück weit zur Verfügung, um anderen eine Sprache zu verleihen, die sie in sich selbst nicht finden können.

Woraus wir gebaut sind

Auch im beruflichen Kontext lege ich meine psychische Verfassung bisher meist offen dar. Als Sozialarbeiterin erwarte ich von meinen Arbeitgeber*innen ein gewisses Maß an Sensibilität und Verständnis für die Abzweigungen der Psyche. Ist ein Mensch mit einer psychischen Erkrankung generell weniger belastbar? Ich denke, das kann ganz unterschiedliche Formen annehmen. Es ist wie mit allen chronischen Erkrankungen: Natürlich können sie Auswirkungen auf die Leistungsfähigkeit eines Arbeitnehmers/einer Arbeitnehmerin haben, doch abgesehen davon kann man gut damit leben und ja, auch arbeiten. Sobald man eine Behandlung antritt und sich darauf einlässt, Unterstützung anzunehmen, ist ein normaler Arbeitsalltag durchaus möglich. Auch Menschen ohne psychische (Vor-)Erkrankungen sind fehleranfällig, haben schlechte Tage und sind nicht immer gleichbleibend belastbar.

Ich werde oft gefragt, ob es ein Widerspruch ist, mit einer psychischen Erkrankung im Sozialbereich zu arbeiten. Das kann ich getrost verneinen. Was dem vorausgeht, ist eine gründliche Auseinandersetzung und Reflexion mit der eigenen Psyche. Es ist wichtig, sich im Klaren darüber zu sein, wo die eigenen Schwächen liegen und wobei man Unterstützung braucht. Gerade in der Sozialen Arbeit, wo man mit einer Vielzahl an Menschen mit belasteten Biografien konfrontiert ist, ist es wichtig, die eigenen Trigger zu kennen und daran zu arbeiten, die eigene Scham abzubauen, gelegentlich selbst nach Hilfe zu fragen.

Ich habe beinahe drei Jahre in einem hoch komplexen und sehr belastenden Bereich der Sozialen Arbeit gearbeitet. Aus Gründen des Datenschutzes möchte ich nicht näher darauf eingehen, welcher Bereich das genau ist, doch so viel sei gesagt: Er fordert ein enormes Maß an Konzentration und Verantwortung. Und selbst in dieser

Arbeitsstelle gelang es mir, einen Raum zu finden für mich und meine Fähigkeiten, der fernab von der Beeinträchtigung durch meine psychische Erkrankung liegt. Ich habe das Glück gehabt, dass meine Vorgesetzten meist verständnisvoll und kooperativ reagierten. Durch meinen transparenten Umgang mit meiner Diagnose konnten intern Unterstützungsmaßnahmen geschaffen werden, die es mir auch in schlechten Phasen erleichterten, dem Arbeitspensum gerecht zu werden.

Mir ist bewusst, dass ich damit in einer sehr privilegierten Position bin. Viele Arbeitsbereiche lassen aus oben genannten Gründen nicht zu, offen mit einer psychischen Erkrankung umzugehen. Zu stark ist die Stigmatisierung, zu vorherrschend sind die Vorurteile über Schwäche, Fehleranfälligkeit und Krankenstandstage. Solange unser Fokus auf Leistung liegt, wird es immer Menschen geben, die durch den Rost fallen.

Ein offener Umgang am Arbeitsplatz mit dem Thema psychische Erkrankung kann eine Entlastung darstellen und das Arbeitsklima insgesamt positiv beeinflussen. Viele Arbeitgeber*innen haben selbst wenig Einblick in und Wissen über psychische Störungen. Aufklärung und Transparenz können Abhilfe schaffen. In der Realität muss man dennoch abwägen, wie und ob man dieses Thema platziert. Leider wird man dabei nicht immer auf Verständnis treffen.

Ein Beginn ist etwas, worauf etwas anderes folgt. Je mehr Menschen einen Anfang darin wagen, offen und ohne Scham über psychische Gesundheit zu sprechen, desto eher kann es zu einem Stück Normalität beitragen. Es ist mir unbegreiflich, wie ein Thema, das uns alle ausnahmslos betrifft, nämlich die Gesundheit unserer Psyche, derart vernachlässigt wird. Ob es eine depressive Episode, eine Persönlichkeitsstörung oder eine Neurose ist – psychische Störungen nehmen in Zusammenhang mit wachsendem Leistungsdruck und prekären Verhältnissen zu. Laut auszusprechen, dass ich eine bipolare Erkrankung habe, war für mich selbstermächtigend, weil ich mich dazu bekennen und gleichzeitig auch hier ein Beispiel dafür sein kann, dass das Leben mit einer psychischen Erkrankung lebenswert ist. Ich möchte dazu beitragen, dass es keine große Sache darstellt, offen über den Zustand unserer Seele zu sprechen, weil sie einen ebenso großen Teil einnimmt wie die physische Gesundheit. Es sind kleine Anhaltspunkte, die ich streue, um herauszuarbeiten, was schon immer da war: Der Kampf mit uns selbst und die Umwege, die unsere Psyche macht, um Dinge, die uns widerfahren, erträglich zu machen. Der Druck einer ungesunden Gesellschaft, der auf unseren Schultern lastet. Der Preis, den Einzelne von uns dafür bezahlen, um ein Teil von ihr zu sein.

Einen Teil dieser Last möchte ich verteilen und aufzeigen, dass das Gewicht tragbarer ist, wenn man es gemeinsam trägt. Neben all den Dingen, die eine psychische Erkrankung mit sich bringt, ist die Einsamkeit das Schlimmste daran. Es ist ein stiller Protest, den ich mit hochgehaltenem Schild vollziehe. Dadurch, dass ich von mir selbst erzähle und andere Menschen dazu einlade, sich mit Themen zu beschäftigen, die zwar für das Auge nicht sichtbar, doch für das Herz umso belastender sind. Ich schwärme nachts aus, um die Ecken unserer Gassen mit Plakaten zu versehen. Auf ihnen stehen Einblicke in meine Gedankenwelt, wenn sie einen Tiefpunkt erreicht hat, oder Hinweise, wie man ein Gespräch mit jemandem führen kann, der/die sich in einer Krise befindet.

Ein gutes Mischverhältnis aus Aufklärung und Empathie kann bewirken, dass weniger Menschen auf ihrem Weg zurückgelassen werden. Wenn nur ein Mensch an meinen Worten hängenbleibt und erfährt, dass er/sie nicht falsch oder weniger wert ist, weil seine/ihre Empfindungen anders funktionieren, hat es sich gelohnt, Farbe zu bekennen und meine eigene Angst zu überwinden. Und wenn es nur ein Mensch ist, der an einem meiner digitalen Plakate vorübergeht und daraus ein Verständnis für jemanden anderen entwickelt, habe ich ein kleines Stück dazu beigetragen, dass psychische Erkrankungen eingebettet werden in den natürlichen Verlauf eines Lebens.

Leben im Mezzanin

Ich lege jeden meiner Gedanken auf deinem Brustkorb ab. Wie Perlen fädelst du meine Wahrheiten auf und trägst sie nah am Herzen. Das nennt sich Vertrauen, das der Liebe nachrückt. Vertrauen darin, dass mein Rücken an deiner Seite warm bleibt, meine Geständnisse sicher in deinen Handflächen ruhen. Ich steige hinab in die tiefsten Tiefen meiner Innenräume und ich nehme dich mit. Manchmal ereilt mich ein Schrecken, eine Unsicherheit oder eine schlechte Laune. Es ist deine Leichtigkeit, die meine Segel aus dem Wind hebelt und uns sicher in den Hafen zurückbringt. Du rückst mich in ein helleres Licht, nimmst mir nie den Raum, versetzt Berge, um meinem Ausblick gerecht zu werden. Ich sehe dich an und es genügt schon längst, dich gesehen zu haben. In den Farben, die du malst, wie du dich der Welt mitteilst, welche Nuancen du hinterlässt und wie dein kehliges Lachen an den Plafond schallt. Es reicht aus, dir begegnet zu sein, um zu fühlen, was ich fühle. Um zu spüren, wie wir ankommen. Um zu hören, wie es einrastet. Du bist eine Sehnsucht, die ich nicht sehnen muss. Bist ein Traum, den ich nicht zu erträumen wage. Du bist das Wort, das ich nicht buchstabieren kann. Ein Tanz, der in die Zukunft führt. Wie lange habe ich mir verwehrt, an ein Morgen zu denken. Und dann kamst du und hast Hoffnung freigesetzt, den Kitsch entsperrt, die Kammern geflutet und bist. Geblieben.

Ich spreche über viele Themen, die mir am Herzen liegen. Dabei gibt es ein Thema, das besonders viel Raum einnimmt: Es ist die Liebe, die sich durch alle Lebensbereiche zieht. Auch in meinen Beziehungen habe ich in den Jahren gelernt, die Tür zu öffnen. Vor allem aber habe ich verstanden, Liebe nicht nur auf romantische Beziehungen umzumünzen. Die Liebe zu meinen Freund*innen, meiner Familie, ja auch die Liebe zu meinem Hund oder meinem Beruf sind Stränge, die mir tagtäglich Energie geben. Man sagt, es ist die Emotion, die allem zugrunde liegt. Einen geschärften Blick für die hässlichen Dinge im Leben zu haben bedeutet auch, die schönen tief zu empfinden und auszukosten. Die Liebe ist es, in der wir uns offenbaren. Sie ist mitunter der einzige Ort, der für alle Menschen denselben Ausgang vorgesehen hat: schonungslos aufgefächerte Offenheit.

Ich schreibe öffentliche Liebesbriefe an meine Freund*-innen und lasse andere Menschen an meinen Gefühlen zu meinem Partner teilhaben. Ich spreche offen über Sexualität und Zuneigung, Eifersucht oder Neid. Beziehungen zu öffnen und zu einem gewissen Grad einem Publikum zugänglich zu machen, verringert für mich die Intimität nicht, es multipliziert die Freude.

Wenn ich vergesse, wer ich bin, dann sind es die Menschen, die mich lieben, die mich daran erinnern. Sie sind in der Lage, mich für einige Zeit zu tragen, wenn es mir schwerfällt, voranzukommen. Es hat viele Jahre, Brüche in Freundschaften und Beziehungen, Distanz zu Auseinandersetzungen und Weiterentwicklung meiner persönlichen Grenzen gebraucht, bis sich ein Umfeld um mich aufbaute, das nachfragt, begleitet und zuhört. Wenn ich nicht mehr weiß wohin mit mir, dann habe ich immer noch die Zuneigung und die Wertschätzung, die ich für diese Menschen empfinde. Heute schöpfe ich Kraft aus der Liebe, die sich um mich schließt.

Ein guter Freund sagte einst zu mir, Freundschaft sei eine Gemeinschaftskasse, in die jede*r einzahlt. Und manchmal, wenn es nötig ist, muss der ganze Erlös an eine Person ausbezahlt werden. So halten wir uns in diesem Leben. So bereiten wir uns auf die Katastrophen vor, die passieren können: indem wir unsere Beziehungen pflegen und aufeinander Acht geben. Indem wir der Liebe den Raum geben zu wachsen und sich zu festigen. Rückblickend gibt es viele schöne Ereignisse, die aus dieser Gemeinschaftskasse stammen. Zwischen all den dunklen Tagen gab es Liebesbekundungen, die in ihrer Ausführung klein und unbedeutend scheinen mögen, doch für mich die Welt bedeuteten. Liebe und Freundschaft, das ist ein Stück Kuchen, das vor meiner Tür platziert wird, wenn ich vergesse zu essen. Das ist ein gemeinsamer Spaziergang durch den Schneeregen. Das ist ein Angebot, jemanden auf dem Sofa übernachten zu lassen, wenn derjenige gerade nicht allein sein kann oder möchte.

An jedem Anfang steht die Liebe. Das erste Stück, das ich jemals schreibe, ist ein Liebesgedicht. Ich bin gerade zwölf Jahre alt geworden und hefte eine schlecht formatierte Reihe von Wordseiten aneinander, ich betitle es als Lyrikband. Auf dem Cover ranken sich Word-Art-Rosen und ich platze vor Stolz, als ich es meiner Mutter vorstelle. Seither habe ich viele Versuche gestartet, in Worte zu fassen, was schwer zu begreifen ist. Ich habe über die Schmetterlinge, die Nervosität und die Vorfreude geschrieben. Ich habe den Kummer betitelt und das Ausbleiben von Gefühlen beschrieben.

All die Höhen und Tiefen meines Heranwachsens sind schriftlich festgehalten und mit einer Art der Liebe verbunden.

Das mache ich nach wie vor. In den meisten Fällen wird mir erst nach dem Versuch des Beschreibens auf einer tieferen Ebene begreiflich, wo ich mich befinde. Das Schreiben hilft mir, mich zu verorten, meine Zuneigung zu katalogisieren. Es verleiht mir die Freiheit, mich und meine Beziehungen zu gestalten. Menschen tun das seit Anbeginn der Zeit: Bilder malen, Musikstücke komponieren und ihre Zuneigung auf abstrakte Art und Weise nach außen kehren.

Räume, die uns gehören

Was weiß ich von der Liebe? Sie kommt unverhofft und versteckt sich im Detail, sie liegt in den kleinen Gesten, kann langsam heranwachsen oder von einem Moment auf den anderen in vollem Ausmaß erblühen. Sie verbirgt sich in den Ecken, in denen man sie nicht vermutet und bildet das Fundament für unser Tun. Sie ist Motor, Antrieb und Fortbewegungsmittel zugleich. Sie bestätigt eine Ahnung und verstärkt ein Versprechen. Sie ist wandelbar, manchmal wächst sie mit und manchmal wachsen wir aus ihr heraus. Sie bündelt, was wir nicht für möglich gehalten hätten und kann in manchen Momenten unerschöpflich wirken.

Seit geraumer Zeit bin ich verliebt. Ich habe nach einer langen Periode an guten, aber auch verzichtbaren Erfahrungen einen Partner gefunden, der alles in sich vereint, was ich mir gewünscht habe und der darüber hinaus dasselbe von mir behauptet. Anders als bei meinen bisherigen Dating-Erfahrungen gehen wir bewusst mit unserer Beziehung um. Wir sprechen nicht nur über unsere Lieblingsfilme und zelebrieren den Kitsch an jeder Ecke; wir sitzen auch am Küchentisch und verhandeln, wie wir unseren gemeinsamen Rahmen abstecken können, ohne dass eine*r auf der Strecke bleibt.

Die Offenheit, die wir heute leben, spielte von Beginn an eine große Rolle. Denn so sehr all meine persönlichen Aspekte in die Beziehung miteinfließen, nehme ich auch ein Stück Öffentlichkeit in unseren intimen Raum mit und lasse andere Menschen daran teilhaben. Das war für mich nicht selbstverständlich. Eine Beziehung nicht ausschließlich im Privaten auszuleben, benötigt vor allem eins: gegenseitiges Einverständnis. Im Englischen wird das Wort *consent* verwendet. Es dient dazu, eine ehrliche Übereinkunft zwischen zwei Menschen zu beschreiben. Consent spielt in meinem Leben eine große Rolle, nicht nur mein eigenes Einverständnis, denn auch die Menschen, deren Leben sich mit meinem kreuzen, geben ihre Einwilligung dafür, Teil meines öffentlichen Lebens zu sein – oder eben nicht. Ich gehe heute sehr bewusst und respektvoll mit der Privatsphäre meines

Umfelds um, denn vor allem mir ist klar, was die Öffnung in einen Zuschauerraum bedeuten kann. Respekt, Einverständnis und Empathie sind in meinen Augen das Fundament einer Beziehung.

Ich stelle mir dann gerne vor, dass jede Person ein Haus symbolisiert. Im Laufe unseres Lebens sammeln wir Gegenstände, Erinnerungen, wir richten uns ein und erweitern die Räume. Manchmal müssen wir Wände neu streichen, die Möbel anders anordnen. Es ist wichtig, regelmäßig zu lüften und auch einmal aus dem Haus zu gehen, um neue Erfahrungen mitzubringen. Unsere Zimmer haben verschiedene Bedeutungen, manche bekommen nur sehr wenige Menschen zu sehen, und wiederum andere Orte in unserem Heim sind nur für uns allein bestimmt. Gehen wir eine Partnerschaft ein, richten wir ein neues Zimmer ein, eine Verbindung. Da ist plötzlich ein gemeinsamer Raum, den beide betreten können. Manchmal gleichzeitig, manchmal unabhängig voneinander. Er füllt sich mit den geteilten Erlebnissen, mit den gesammelten Worten, den kleinen Gesten. Genauso, wie es wichtig ist, die eigenen Räume manchmal zu sortieren, ist es ebenso notwendig, nicht das gesamte Haus zum gemeinsamen Raum umzugestalten.

Was ich mit dieser Metapher sagen möchte, ist, dass man sich nach einer Trennung nicht selbst verlieren soll: In einer Beziehung zu sein bedeutet nicht, Teile von sich herzugeben. Ein*e Partner*in sollte nicht das ganze

Haus belegen, sondern es erweitern. Denn für die glückliche Liebe haben wir ebenso wenig Garantie wie für alles andere im Leben. Und sollte es nicht klappen, muss etwas übrigbleiben. Von mir, meinem Haus und den Bildern, die ich in mir einordne, um weiter zu wachsen.

Heute schreibe ich oft über den Antrieb, der mich durch all die Jahre begleitet hat. Er lässt sich an einer Stelle ablesen, die unscheinbar und bedeutend zugleich ist. Es ist die Liebe, von der ich in all meinen Erläuterungen spreche.

Sie lässt uns morgens aus dem Laken schlüpfen und fühlt sich an wie die ersten Sonnenstrahlen nach einem langen Winter. Sie bemüht sich, in die tiefsten Ecken unseres Bewusstseins einzudringen und hakt sich ein, wo wir es nicht für möglich hielten. Ich möchte einen Punkt definieren, der zugleich so natürlich und übernatürlich scheint, dass wir manchmal in Schwindel geraten. Ein Punkt, der die höchste Stelle beschreibt oder den tiefsten Tauchgang betitelt. Ein Ort, an dem wir alle ausnahmslos schon einmal gewesen sind. Eine Sache, die gleichermaßen banal und herkömmlich wie außerirdisch und selten zu sein scheint. Ein Wort, das so oft verwendet und abertausende Male besiegelt wurde.

Die Liebe ist nicht bloß eine Tätigkeit, sie ist das, was uns menschlich macht und eint. Sie ist, worauf wir uns stützen können, wenn unser Fundament ins Wanken gerät. Selbst in Momenten, in denen sie nicht vorhanden scheint, steckt sie in allem, was wir berühren. Selbst, wenn wir sie von Zeit zu Zeit verleugnen müssen, wendet sie sich nicht ab. Wir sind ihr alle schon einmal begegnet, in einer Berührung, in der Pflege einer Bindung, in der Dauer oder der Sekunde. Sie benötigt keine Übung, denn sie ist das, was wir von Beginn an ganz selbstverständlich können. Sie ist nicht monoton, sie bewegt sich simultan durch unser Leben, passt sich den Gegebenheiten an und hält den Witterungen stand. Unerschöpflich trägt sie uns und macht möglich, dass Tage auf andere folgen können. Die guten und die schlechten, doch dazwischen wimmelt es immer vor Liebe.

Die Essenz der Bausubstanz

Nicht jede Krise ist eine Chance, und ich sehe meine Aufgabe nicht darin, aus allen Schicksalsschlägen und Erfahrungen mit einer Erkenntnis hervorzugehen, die mich reifer oder klüger gemacht hat. Ich denke, es ist eine zusätzliche Last, einem Menschen, der leidet, eine positive Schlussfolgerung aufzubürden, wenn es im Grunde darum geht, einen Weg zum Weitermachen zu finden. Was parallel dazu verläuft, ist eine Ebene, auf der wir uns Dinge begreiflich machen können. Daraus hat sich eine Ansammlung an Offenbarungen ergeben, die mir mein bisheriges Leben näherbrachte und die ich fortan in Worte fassen kann.

Man kann siebenhundertdreiundsechzig Mal denken, dass man etwas nicht mehr erträgt, und man erträgt es trotzdem. Es gibt kein Kontingent für Schmerz, viel eher glaube ich, dass Schmerz sich ausdehnt und die Bänder, die ihn erträglich machen, mit jeder Übung mehr aushalten. Ich bin davon überzeugt, dass man fast alles erträgt. Ungefähr so wie in der Liebe. Ich habe gelernt, dass man die Ewigkeit für sich pachten kann, man kann sie fühlen und auskosten, doch sie geht nur in den Besitz über, wenn man den größten Preis dafür bezahlt: die Unwiederbringlichkeit des Todes.

Körper sind nie wirklich so, wie man sie betrachtet. Sie haben keine Form, sie sind nicht festgeschrieben. Wir haben keine Kapazität in unserer Vorstellungskraft, um unseren Körper als das wahrzunehmen, was er ist: ein Werkzeug. Eine Materie, die es uns möglich macht, uns auszuüben. Das Leben im verlängerten Arm der Tätigkeit zu spüren. Unser Körper wird zeit unseres Lebens viele Veränderungen durchlaufen. Das hat Auswirkungen auf die Art, wie wir uns selbst wahrnehmen. Nicht immer wird sich unsere Selbstwahrnehmung mit der aktuellen Form unseres Körpers decken. Ich habe gelernt, dass es nicht vorrangig ist, sich selbst zu betrachten, solange man gesehen wird.

Glück ist keine Leistung, es ist auch nicht mit viel Ehrgeiz und Arbeit zu erreichen. Man hat es, oder man hat es nicht. Und wer es nicht hat, findet auch keinen Trost stattdessen. Was man finden kann, ist die Kunst. Sie hält für beinahe jede Frage eine Antwort bereit, weil sich beinahe jede Frage schon einmal gestellt hat. Wenn man lange genug sucht, findet man Worte, Bilder oder Musik, die Unausgesprochenes sagbar machen. Das legt sich deckungsgleich unter den Brustkorb und vermittelt das Gefühl, einen Schritt gegangen zu sein. Das Äußern von Ungesagtem kann schwerer wiegen als Glück.

Ich habe gelernt, dass das Gewicht von Stille kaum zu überbieten ist, weil sie den gesamten Rauminhalt gegen die Wände presst und sich ausbreitet. Sie liegt in jeder Fuge, klettert den Putz entlang und stößt sich an den Härchen am Arm ab. Stille ist ein unsichtbarer Inhaltsstoff der Luft, der zirkuliert und sich vervielfacht, wenn man sich nicht artikulieren kann oder die Ventile verstopft sind, um Wunden zu reinigen.

Manchmal sind Wunden so groß, dass kein Verband der Welt sie abdecken kann. Dann darf man sich nicht davor ekeln, in das Innere zu sehen und zu verstehen, dass alles, was einmal offen ist, sich auch wieder schließen kann. Selbst wenn die Beschaffenheit der Oberfläche von da an eine andere sein wird. Wunden werden später Narben, das weiß man. Was man nicht weiß, ist, dass sie mit dem Wetterumschwung ziehen und man sich von Zeit zu Zeit an sie erinnern muss. Man weiß nicht, dass auch die Narbe nicht das letzte Stadium der Wundheilung ist. Dieses nennt sich nämlich Remodellierung, dabei passt sich die Narbe an ihre Umgebung an, sie gewinnt an Reißfestigkeit und verfärbt sich im Hautton. Das kann ein bis zwei Jahre dauern. Was ich gelernt habe, ist, dass unsere Physis ein gutes Beispiel für unsere Psyche darstellt.

Man kann einen Menschen treffen und es wissen. Meistens weiß man es ganz genau, weil Menschen mit einem Sender ausgestattet sind, der es erlaubt, uns zu verbinden, wenn die Frequenz stimmt. Das sind Blicke, Stimmlagen, Worte oder ein Geruch. Das weiß man sogar ziemlich schnell. Ich habe gelernt, dass man sich manchmal wünscht oder erklärt, die Leitung sei kaputt oder der Empfang gestört. Dass man viele Bezeichnungen dafür findet, warum nichts ankam. Dabei ist die Entscheidung längst gefallen. Man kann auch einen Menschen wieder treffen und wissen, dass man es nun nicht mehr weiß.

Mut ist im Gegensatz zu Glück eine Leistung. Man kann ihn ansammeln und ausrollen. Man kann ihn klein portioniert streuen und manchmal eine gesamte Ladung davon zusammennehmen und aufbringen. Manchmal braucht es erst Mut, um das Glück zu entdecken.

Der Abschied hat viele Gesichter. Zumeist ist es ein Abschied auf Zeit, ein Abschied, der sich auf ein Wiedersehen beschränkt. Ich kann aus meinem jungen Leben von vielen Abschieden berichten. Sie haben sich manchmal über längere Zeit angebahnt; oftmals ereilt uns ein Abschied plötzlich und willkürlich und hinterlässt eine Kerbe. Was all diese Abschiede gemein haben, ist die Sprachlosigkeit, die sie hinterlassen, denn in den meisten Fällen haben wir gelernt zu winken, aber nicht, Worte für etwas zu finden, das uns den Atem nimmt. Ich verlor auf meinem Weg Verwandte und Familie, das sind zwei unterschiedliche Begriffe in meiner Wahrnehmung, ich verlor Freundschaften, viele davon, und eine Handvoll Liebe, manche größer als die andere, aber vor allem, und das zuhauf, verlor ich unzählige Male mich selbst.

Denn überraschenderweise rechnen wir bei all den Abschieden selten mit dem wohl häufigsten Abschied, dem Abschied von uns selbst, von einem Ich, das wir waren, einer Gewohnheit, die wir pflegten und die uns abhandengekommen ist. Üblicherweise ist es das Jahresende, das uns eine Bilanz ziehen lässt; es ist ein Brauch, zurückzublicken auf die Errungenschaften und auf die Pfade, die wir in zwölf Monaten gegangen sind.

Wir nehmen nochmal Anlauf und zählen akribisch auf, heften unter gut oder schlecht ab und beteuern, es das nächste Jahr besser zu machen.

Das wohl schmerzhafteste und schönste Gefühl ist es, die eigenen Eltern kennenzulernen. Ihre Fehler, ihre Geschichten, ihre Bedürfnisse, die sie jahrelang hintangestellt hatten. Dass Eltern auch Personen sind, klingt in erster Linie absurd, doch das Gefühl dazu ist überwältigend. Sind wir in den ersten Jahrzehnten noch so beschäftigt damit herauszufinden, was das Fremde für uns bereithält, wird es in späterer Folge immer wichtiger, woher wir kommen und was wir an Bekanntem in uns finden. Herkunft wird immer eine Rolle spielen, egal ob wir diese verschleiern können oder nicht. Herkunft zu suchen bedeutet jedoch nicht immer, die eigenen Eltern zu betrachten. Dazu können einem die Möglichkeiten fehlen. Es ist eine Reise in die Vergangenheit, die, von Geschmäckern und Gerüchen begleitet, ein Stück Identität freilegt. Das kann ein Gericht sein oder ein Ort, der uns mit einem Moment verbindet. Nicht für jede*n werden es die eigenen Eltern sein, die eine große Rolle im Aufwachsen gespielt haben.

Ich habe gelernt, dass es in der Kunst- und Kulturszene viele Parallelen zur digitalen Welt gibt. Auf den ersten Blick mögen sie nicht gleich ersichtlich sein, doch bei genauerer Betrachtung ist ein Social-Media-Feed nichts anderes als eine kuratierte Ausstellung. Sie mag tiefe Einblicke in die Seele des/der Urheber*in geben, doch wird sie niemals dem Gesamtbild gerecht. Sie kann nicht abbilden, welche Wege zu jedem einzelnen Pinselstrich geführt haben und wie oft man etwas übermalte, bis es stimmig war.

In meiner langjährigen Auseinandersetzung mit der Präsentation meiner selbst auf digitalen Plattformen wurde mir allmählich bewusst, dass die Darstellung an sich viele Fragen aufwirft. Vieles von dem, was ich digital tue, geschieht im ersten Schritt unbewusst. Umso stärker sehe ich meine Aufgabe darin, Unterschiede herauszuarbeiten und Klarheit zu schaffen. Damit meine ich vor allem: Die Ausschnitte, die wir von anderen Menschen präsentiert bekommen, sind eben nur Ausschnitte und Teilrealitäten. Soziale Medien suggerieren uns paradoxe zwischenmenschliche Beziehungen, in denen Zuseher*innen das Gefühl bekommen, einen privaten und tiefen Einblick in die Welt eines Menschen zu haben. Die Menschen auf unseren Bildschirmen werden zu Freund*innen, die zu uns sprechen, uns Halt und Rat bieten und deren Wege wir verfolgen, um uns an ihnen zu orientieren.

Ich habe die Seite gewechselt. Habe mich von einer unsicheren Zuseherin zu jemandem entwickelt, die sich präsentiert und im besten Fall anderen auf ihrem Weg Selbstbewusstsein zusichert. Es waren Menschen, wie ich es heute bin, die mir einen unverstellten Blick auf mich selbst ermöglichten, weil sie Vorbilder darin waren, ihrer Person Ausdruck zu verleihen. Es waren fremde Menschen, die eine ähnliche Nische wie ich fanden und eine Brücke zwischen den Bildschirmen bauten. Menschen, die sich in mein virtuelles Postfach schrieben und Freund*innen wurden. Die Schnittmenge liegt in der Portion Offenheit, die andere bereit waren zu teilen, um mich darin zu bestärken, zu einem authentischen Menschen heranzuwachsen.

Heute handhabe ich es so, wie ich es in den Jahren meiner Metamorphose gelernt habe. Weil ich am eigenen Leib erfahren durfte, wie heilsam und beflügelnd es sein kann, wenn es Menschen gibt, die dir das Gefühl geben, nicht falsch zu liegen. Dass es vielmehr sogar richtig ist, den inneren Antrieb herauszuarbeiten und daraus etwas zu erschaffen, das man teilen kann. So schließt sich ein Kreis. Ich teile meine Erkenntnisse heute mit einer Vielzahl an Menschen, weil es viele waren, die meinen Weg ebneten. Trotz dem Drang nach Individualität sind wir im tiefsten Herzen sozial, möchten akzeptiert und verwurzelt sein und uns nicht länger in Frage stellen.

Und zuletzt habe ich gelernt, mich selbst auszuhalten. Viele Versuche waren notwendig, um *Ende* unter etwas zu schreiben, das noch nicht bereit für ein *Ende* war. Auszuhalten, wie oft ich scheiterte und auch gewann. Das Scheitern sucht jeden und jede heim. Ich habe gelernt, mir die eigenen Erfolge zu vergönnen und mich nicht zu grämen, wenn ich trotz Mut das Glück nicht fand. Zu ertragen, dass vieles von dem, was sich in mein Gesicht schrieb, nicht zu verhindern war und meine Haut an der dünnsten Stelle trotzdem nicht riss. Man kann sich wünschen, dass die Haut reißt, um endlich sichtbar zu machen, dass etwas nicht stimmt. Ich habe gelernt zu verstehen, dass ich der Liebe ein „Für immer" schenken kann, wenn sie mir begegnet, und dass es dafür trotzdem keine Garantie gibt. Ich trage manche Schuhe auch dann, wenn sie unbequem sind, und ich weiß, wie man sich an schlechten Tagen selbst erträgt, ohne von der Last erdrückt zu werden. Denn manchmal ist das Einzige, was uns in einem Moment bleibt, das Ertragen und Fühlen einer Situation.

Es hat siebenhundertdreiundsechzig Versuche, siebenundzwanzig Jahre und literweise Tee, Gräber, Küsse und schiefes Lächeln gebraucht, den Menschen kennenzulernen, den die Personen, die sich meine Eltern nennen, schon von Anfang an gekannt haben.

Heute habe ich verstanden, dass an manchen Tagen all mein Wissen nicht ausreicht, den Gegebenheiten Akzeptanz entgegenzubringen. An anderen Tagen spielt es gar keine Rolle, was man weiß, weil man bloß lebt. The National singen in einem Song: *„Let's not try to figure out / everything at once"*. Und das ist eigentlich alles, was ich gelernt haben möchte.

Das Zimmer mit Ausblick

Du, das sind viele. Vielleicht sind es sogar alle. Das sind Berührungen und Momente, Aufzeichnungen eines Werdegangs aus der Sehnsucht in die Sicherheit. Das ist ein Synonym für das Werden. Du, das ist eine Alliteration für den Geruch, der in meiner Nase haften bleibt, wenn der Tag schon neu und weit weg von gestern ist. Das sind die Schritte zwischen zwei und vier Uhr morgens auf dem knarzenden Parkett, eine blinde Choreografie des Vertrauens. Du, das ist auch meine Schwäche für die Angst und die Sorge, das alles könnte etwas anderes bedeuten, als wir sind. Die Diskrepanz zwischen dem, was wir meinen, dem, was wir sagen und dem, was wir schlussendlich wahr werden lassen. Aber du, das ist eine Feststellung ohne Korrektur, ein Wandel, der schon lang zuvor begonnen hat und erst jetzt seine Folgen zeigt. Du, das ist ein Geäst, aus dem ich steige, um den Ausblick nun ganz klar zu sehen. Im Milchschaum des Morgens Schritte ohne Schwindel gehen.

Vor jeder wichtigen Entscheidung sind zwei Fragen zu stellen: Was ist das Schlimmste, das passieren kann? Und: Ertrage ich das? Die Türe in die eigene, persönliche Welt zu öffnen ist weder eine Heldentat, noch ist es etwas Verwerfliches. Ich habe diesen Weg bewusst gewählt, mit all seinen Stolpersteinen, Niederlagen und Schätzen. Ich habe für mich eine Möglichkeit gefunden, meine Stimme zu nutzen. Ich unterscheide mich kaum von anderen Kunstschaffenden, doch in einem Punkt vielleicht maßgeblich: Ich verringere die Distanz zwischen mir und meinen Werken. Mein Werk ist das Private, das Ungeschönte. Die vergangenen Jahre haben mir gezeigt, dass es sich richtig anfühlt, meinen inneren Impulsen zu folgen. Neben der heilsamen Wirkung, die es hat, authentisch sein zu können, erfahre ich Zuspruch in den verschiedensten Bereichen meines Lebens. Radikale Offenheit zu zeigen bedeutet, das eigene Wertesystem auf den Kopf zu stellen, Worte wie gut und schlecht, stark und schwach, richtig und falsch aus dem Vokabular zu streichen und dafür neue Begrifflichkeiten zu finden. Begrifflichkeiten, für die wir noch keinen Ausdruck erfunden haben, weil sie frei von Wertung sind.

Wir alle können etwas zu einem wertfreieren und offeneren Umgang miteinander beitragen, indem wir Menschen zugestehen, dass sie Expert*innen für sich selbst sind. Ich bin nur eines von vielen Beispielen dafür, dass die Begegnung auf einer ehrlichen Basis etwas Entwaffnendes und Zartes mit sich bringt. Sie macht uns weich und ermöglicht die schönen Dinge im Leben wie Nähe, Liebe, Freundschaft und Zusammenhalt. Sie mildert die Barrieren, die Jahrhunderte an vorherrschenden Gepflogenheiten aufgebaut und manifestiert haben. Die Begegnung ist das Wahre, in ihr liegt der Kern der Berührung, der Weiterentwicklung. An Begegnungen können wir wachsen, uns fort- und hinbewegen.

Als mein Partner plötzlich verstarb, habe ich mir geschworen, nichts mehr ungesagt zu lassen. Sei es noch so unbequem, gefährlich oder gar unangebracht, ich würde die Worte dort platzieren, wo ich sie im Inneren schon lang vermutete. Ich nutze jede Gelegenheit, Menschen zu sagen, was sie mir bedeuten und vertrete meine Meinungen und Ansichten lautstark. Ich habe mir geschworen, mit meinen Wahrheiten und meinem Blick auf die Welt nicht mehr hinterm Berg zu halten.

Es ist nicht das „Wieso?" der Offenheit, das essenziell ist, es ist das „Wieso eigentlich nicht?". Jeder Mensch hat das Recht, einen Umgang für die Dinge zu finden, die ihm oder ihr widerfahren, solange andere dadurch keinen Schaden nehmen. Das Leben stellt uns ohnehin vor genügend Herausforderungen, die Form der Bewältigung sollte dabei frei wählbar sein. Offenheit ist eine mögliche Variante, um die laufende Bewertung, die in unserer Gesellschaft stattfindet, zu vermindern, indem man Raum schafft, in dem man sich selbst frei bewegen kann und sich damit auch andere frei bewegen können.

Ich nehme Abstand von dem Schwarz-Weiß-Denken, mit dem ich in einer Gesellschaft aufgewachsen bin, die oft nur gut oder schlecht zulässt. Die Wahrheit liegt wie so oft im Dazwischen. Offenheit zeigt sich in kleinen Gesten, in Zugeständnissen an andere, in der Möglichkeit, sich nicht vor der Vielfalt zu verschließen. Ich glaube nicht daran, dass man sich gänzlich von Urteil und Bewertung befreien kann. Doch man kann den eigenen Horizont erweitern und neue Perspektiven zulassen, wenn man sich dafür entscheidet, die eigene Denkweise zu öffnen.

Ich glaube nicht an ausgleichende Gerechtigkeit, ich glaube nicht daran, dass etwas weniger wiegt, weil man es lange getragen hat. Ich glaube nicht an Karma und schon gar nicht daran, dass harte Arbeit sich immer lohnt. Was ich gelernt habe, ist das Bleiben, das Aussitzen. Das Immer-wieder-Anbieten und Kontinuität-Beweisen. Die eigene Bedeutung auszubauen, zu entwickeln und definieren. Und letztlich ein Stück Leben für sich abzustecken, einen Weg, der nur einem selbst gehört. Ich glaube daran, dass wir uns Fähigkeiten zu eigen machen, dass wir durch Vertrauen lernen, dass wir durch Übung zwar keine Meister*innen werden, aber Mitspracherecht erhalten. Ich bin kein fleißiger Mensch, kein besonders ehrgeiziges Beispiel unserer Gesellschaft. Ich schöpfe mein Potenzial nicht aus, vielleicht auch aus Angst davor, allzu bald an die Decke meiner Möglichkeiten zu stoßen. Und dennoch: In meinem Agieren, in meiner Beständigkeit begegnen mir Menschen, eröffnen sich Gelegenheiten, die ich nicht für möglich gehalten hätte. Manche würden das Erfolg nennen. Ich nenne das: Sitzfleisch.

Weit offene Fenster und Türen

Aus meiner Erfahrung kann ich berichten, dass es die Angst lindert, sich der schonungslosen Authentizität auszusetzen. Es beinhaltet lebenslanges Lernen, seinen Platz in dieser Welt zu verorten, eine Stimme zu finden und den Grad der Darstellung nach außen zu adjustieren. Zu einem gewissen Grad spielen wir alle eine Rolle in den unterschiedlichsten Kontexten, keine davon macht uns weniger wahr. Es ist die Summe aller Erlebnisse, die uns an Entscheidungen heranführt und für eine Abzweigung nach der anderen spricht. In der kurzen Zeit, die uns bleibt, von der wir nie wissen, wann sie tatsächlich endet, sind wir angehalten, das Beste aus uns hervorzuholen. Damit meine ich nicht Leistung und messbare Erfolge, ich meine damit, so nah an sich selbst heranzurücken wie nur möglich. Das kann bedeuten, dass man sich Tage zugesteht, an denen nichts passiert, außer dass der Staub durch die Luft wirbelt. Das kann bedeuten, dass man eine Erkenntnis mit anderen teilt oder beschließt, etwas nicht mehr zu tun.

Mein Leben hat sich an vielen Punkten schlagartig verändert. Die Erfahrungen, die ich gemacht habe, haben mir gezeigt, wie unvorhersehbar der nächste Moment ist. Ich habe keine meiner Entscheidungen bereut, würde nicht zurückkehren an die Orte, die ich verlassen habe. Meinen Umgang mit Herausforderungen hat mir niemand vorgelebt, ich habe ihn in mir selbst verortet und entwickelt. Ich habe den Umgang mit meinem Werkzeug gelernt, in Therapien, in der Art und Weise, wie ich aufgewachsen bin, und nicht zuletzt in der digitalen Welt.

Ich trage trotz aller Niederlagen eine naive Hoffnung in mir, dass wir in der Lage sind, uns selbst zu begreifen und dadurch anderen Spielraum zuzugestehen. Der Weg dahin ist unbequem, er ist mit Konfrontation und Reflexion verbunden. Allenfalls jedoch ist es ein Weg, der sich lohnt, weil er uns befreit. Offenheit ist eine Art Freiheit, die ich mir mittlerweile zugestehe und anderen Menschen wünsche. Sie befreit von gesellschaftlichen Zwängen, vorgelebten Mustern und der Annahme, einer Idee hinterherjagen zu müssen, die vielleicht in der

Form nicht existiert. Offenheit bietet eine weitere Freiheit, der Vielfalt eine neue Definition hinzuzufügen, um dadurch die vorgefertigten Perspektiven zu erweitern.

Der Preis ist hoch, ich mache mich maximal verletzlich, biete mein gesamtes Dasein als Angriffsfläche, doch welcher Angriff ist niederschmetternd, wenn ich mich richtig und sicher fühle, in dem was ich tue? Im Leben werden einem viele gut gemeinte Ratschläge begegnen, die im Grunde mehr Schlag als Rat beinhalten. Obwohl ich mir zeitweise zu viele Gedanken über die Meinung anderer Menschen mache, ist es mir heute möglich, mich trotzdem zu exponieren. Das tue ich, weil der positive Effekt den negativen Beigeschmack bei Weitem überschattet. Denn heute weiß ich, dass meine Stimme Gewicht und die Kraft hat, auch andere zu tragen, wenn sie ratlos sind.

Die Grundrisse sind enthüllt. Die Besichtigung nimmt ein Ende, der Keller ist lichtdurchflutet. Meine Gemäuer sind ein Gebäude in einer Ansammlung an Häusern. Ich reihe mich ein in eine Vielzahl an Geschichten und Biografien. Ich bin durch meine Offenheit nicht herausragend, sondern bloß anders konzipiert. Ich habe mich selbst erklärt anhand meiner Wunden, der Summe meiner Narben, der Fläche meiner Haut. Ich habe einen Blick hinzugefügt, die Perspektive erweitert, ein Schicksal beschrieben und dadurch einzelne Räume geöffnet, in denen man verweilen, sich erkennen oder über die man den Kopf schütteln kann. Es mag eine ungewöhnliche Methode sein, sich der Welt zu stellen, mit allen Schwächen, Rückschlägen und vermeintlich hässlichen Anteilen. Dennoch ist es eine mögliche Methode, dem Außen zu begegnen. Neben all dem, was mir widerfahren ist, ist es kein Zufall, wie ich mich heute durch die Stockwerke meines Hauses bewege. Ich habe eine bewusste Entscheidung getroffen, diesen Weg zu gehen. Mich auf jene Art und Weise zu zeigen und ein Ansichtsexemplar zu erschaffen.

Ich habe mir ein Zuhause geschaffen, in dem ich mich wohlfühle. Ich bin endlich angekommen, nach einer langen Reise, in einem Raum, der mit mir resoniert. In meinem Wohnzimmer hängt eine Kunstdruck-Reihe von Julia Skopnik an der Wand. Darauf sind schemenhafte Gestalten am Horizont zu erkennen. Es sind Auszüge aus einem Notizbuch, gescannt und zu einem Druck verarbeitet. Sie sind gehüllt in die Farben Beige, Schwarz und Braun. Auf einem der Bilder steht in Handschrift geschrieben: „Die Frage bist Du." Auf dem nächsten Druck, der den Horizont vertikal in einzelne Streifen geschnitten teilt: „105: die Antwort auch." Über die Jahre hinweg hat mich dieses Bild geprägt. Ich sah es zum ersten Mal online, auf einer der Blog-Plattformen, auf denen auch Julia Skopnik ihre Kunst teilte. Mein Blick verfing sich und ich trug diese Bilderreihe immer in Gedanken bei mir. Dabei hatte ich oft eine Person im Kopf, meistens war es eine romantische Idee. Ich habe jemanden als Antwort betitelt, habe mir herbeigesehnt, die Frage mit einem Namen füllen zu können. Das Bild war stets ein Platzhalter meiner Sehnsucht. Sehnsucht für etwas, das ich nicht benennen konnte, das ich immer wieder in anderen Dingen und Menschen gesucht hatte, aber nicht fand. Im Herbst 2016 läutete es an der Tür, der Postbote überreichte mir ein Paket, es waren die besagten Drucke. Was mich all die Jahre digital begleitete, lag nun in meinen Händen. Es war ein Geschenk der Künstlerin an mich.

Wenn ich diese Bilder heute an meiner Wand betrachte, betrachte ich mich selbst dabei. Ich denke: Ich bin die Frage; und die Antwort auch.

Danksagung

Ich möchte meiner Familie danken, dass sie meine ungewöhnliche Art des Ausdrucks unterstützt hat, obwohl ihnen meine Welt oft fremd schien. Danke, dass ihr mich immer daran erinnert, woher ich komme und was wirklich zählt.

.

Ich danke den Menschen, die mich für kurze oder lange Zeit begleitet haben, mich gesehen und mit ihrem Sein berührt haben. Jene, die nicht davor zurückschraken, einen Teil meiner Gewichte für einen Abschnitt der Strecke gemeinsam zu tragen und die Leichtigkeit dadurch zu verdoppeln.

.

Und schließlich danke ich all denen, die den Mut hatten, andere an das Leuchten zu erinnern, indem sie die Tür nicht geschlossen haben.

.

Dieses Buch ist für euch geschrieben.

Jaqueline Scheiber

geboren 1993, lebt in Wien. Sie ist Sozialarbeiterin, Mit-
begründerin des Young Widow_ers Dinner Club Wien,
Kolumnistin, Autorin und eigens ernannte Selbstdar-
stellerin. Von 2010 bis 2017 veröffentlichte sie unter dem
Pseudonym Minusgold Lyrik und Prosa auf ihrem Blog.
Auf dem gleichnamigen Instagram-Account bespricht
sie gesellschaftskritische Themen, teilt Teilrealitäten
ihres Alltags und verarbeitet Eindrücke in kurzen
literarischen Erzählungen.

morgen über

Petra Ramsauer
Angst

Wenn alles anders ist: Über Angst als kollektive Erfahrung und Druckmittel

„Haben Sie denn nie Angst?" – Diese Frage wurde Petra Ramsauer bislang am häufigsten in ihrem Leben gestellt. Die Reporterin berichtet seit über zwanzig Jahren aus Krisen- und Kriegsgebieten. Nun recherchiert sie im Land der Angst: Wovor fürchten wir uns zu Recht und zu Unrecht? Warum nehmen Angststörungen gerade in wohlbehüteten Staaten so zu? Wie verändert die Corona-Epidemie die Fieberkurve der Angst?

K&S übermorgen • ISBN: 978-3-218-01238-6 • 18,00 €

morgen über

Erhard Busek
Muamer Bećirović
Heimat

Was ist Heimat?

Unter welchen Voraussetzungen entsteht ein Heimatgefühl?
Wie hat sich die Bedeutung des Begriffs historisch verändert?
Und wie können wir aus der Geschichte für die Zukunft lernen?
Zwischen Erhard Busek und Muamer Bećirović liegen fast zwei
Generationen. Was die beiden jedoch verbindet: Sie denken voraus.
Und liefern Ideen zur Gestaltung einer österreichischen, euro-
päischen und globalen Heimat.

K&S übermorgen • ISBN 978-3-218-01239-3 • 18,00 €

Gedruckt mit freundlicher Unterstützung
durch die Kulturabteilung der Stadt Wien

www.kremayr-scheriau.at

ISBN 978-3-218-01237-9
Linolschnitt, Schutzumschlaggestaltung,
typografische Gestaltung und Satz: Sheila Ehm
Reihen-Konzept & Lektorat: Stefanie Jaksch
Korrektorat: Paul Maercker
Druck und Bindung: Finidr, s.r.o., Czech Republic